21 世纪国际商务教材教辅系列

编写委员会

21世纪国际商务教材教辅系列

总 主 编　余世明

副总主编　袁绍岐　张彬祥　何　静

INTERNATIONAL ELECTRONIC BUSINESS

国际电子商务练习题及分析解答

主编　詹益生　副主编　罗楚民　肖剑锋

暨南大学出版社
Jinan University Press
中国·广州

图书在版编目（CIP）数据

国际电子商务练习题及分析解答/詹益生主编．—广州：暨南大学出版社，2007.3
（21世纪国际商务教材教辅系列）
ISBN 978-7-81079-783-2

Ⅰ．国…　Ⅱ．詹…　Ⅲ．国际贸易—电子商务—高等学校—习题
Ⅳ．F713.36-44

中国版本图书馆 CIP 数据核字（2007）第019979号

出版发行：暨南大学出版社

地　址：中国广州暨南大学
电　话：总编室（8620）85221601
营销部（8620）85227972　85220602（邮购）
传　真：（8620）85221583（办公室）　85223774（营销部）
邮　编：510630
网　址：http://www.jnupress.com　http://press.jnu.edu.cn

排　版：暨南大学出版社照排中心
印　刷：佛山市浩文彩色印刷有限公司

开　本：787mm×1092mm　1/16
印　张：10
字　数：250千
版　次：2007年3月第1版
印　次：2007年3月第1次
印　数：1—4000册
书　号：ISBN 978-7-81079-783-2/F·402

定　价：18.00元

目　录

编写说明

当今时代为信息时代，当今社会为信息社会。我国加入 WTO 以后，国际贸易发展迅速，电子商务能更有效地帮助实现国际贸易，这一大优势也将被越来越多的国内企业所认识，而这将是国际电子商务发展的重要基础。国际商业巨头已经纷纷把整个企业都搬到网上，他们会自然而然地形成电子商务圈，相互之间都用网络进行贸易往来，电子商务将成为新世纪国际贸易的主要发展方向与竞争焦点。

为了让从事国际贸易的人士能更好地了解和掌握电子商务的基本概念及应用操作，更好地参与国际竞争，我们综合了国内外有关电子商务的权威文献，参考已出版的电子商务类教材、书籍、论文及报告等成果，结合多年来的教学实践经验编写了本书。

本书是与《国际电子商务》配套的习题集。本书可作为对外经贸、海关、商检、银行、运输、商业等行业中从事电子商务研究、开发及应用的技术人员和管理人员学习《国际电子商务》时的辅导书，也可作为大、中专学校有关专业的教材及在职人员培训等的学习辅导书。我们编写本书的指导思想侧重于应用和实际操作，对网上国际贸易的整个过程作了较详尽的描述，并给了很多实际例子。本书的编写具有如下特点：

(1) 内容新。以最新的国际电子商务理论和实践进行解释，采用的材料和案例也是最新的，力求贴近实际。

(2) 题型全。练习题中包括单项选择题、判断题、填空题、简答题、操作题等，保证学习者得到比较全面的训练。

(3) 重操作。书中的操作题占一半以上，务求学习者在理论学习的基础上，最大限度地提高动手操作能力。

(4) 解答简明。书中的练习题全部配有参考答案，单项选择题、判断题、简答题等客观题型不仅有答案，还有简明的分析解答，方便学习者理解。

本书由詹益生任主编，罗楚民、肖剑锋任副主编。参加编写的人员有：第一、五、六、七、八章由詹益生编写，第二章由林丽清编写，第三、四章由肖剑锋编写，第九章由罗楚民编写。在编写过程中还得到林康有、陈进等老师的大力支持和帮助，参考了大量的资料和网上的信息，引用了一些外贸公司的材料，在此表示衷心的感谢！

由于作者水平有限，书中难免出现一些错漏，敬请读者给以批评指正。

编　者

2007 年 1 月

第一章
国际电子商务概论

一、练习题

（一）单项选择题

1. 电子商务的英文名称是（　　）。

A. Electronic Trade　　B. Electronic Commerce

C. Electronic Interchange　　D. Electronic Communication

2. 下列说法错误的是（　　）。

A. 电子商务本身并不是高技术，它只是高技术的应用

B. 电子商务的本质是商务

C. 电子商务不仅仅是网上销售产品

D. 网上教育不属于电子商务的范畴

3. 目前，在电子商务的定义中，“网络”是指（　　）。

A. 计算机网络　　B. 因特网

C. 以因特网为主的计算机网络　　D. 增值网络

4. 电子商务是指对整个贸易活动实现电子化，此定义是（　　）由国际商会给出的。

A. 1998 年 7 月　　B. 1997 年 11 月

C. 1996 年 5 月　　D. 1994 年 4 月

5. Internet 上的电子商务不包含的内容是（　　）。

A. 信息服务　　B. 交易

C. 支付　　D. 面对面谈判

6. 我国国内第一笔互联网上电子商务交易于（　　）成功完成。

A. 1994 年 5 月 1 日　　B. 1998 年 7 月 1 日

C. 1999 年 9 月 1 日　　D. 1998 年 3 月 6 日

7. 电子商务就其应用领域或应用模式划分，主要可划分为（　　）种类型。

A. 2　　B. 3

C. 4　　D. 5

8. 企业对消费者的电子商务简称为（　　）。

A. B to C　　B. G to C
C. C to C　　D. E to C

9. 企业内部电子商务，简称为（　　）。
A. B to C　　B. G to C
C. C to P　　D. E to C

10. 企业与企业之间的电子商务，简称为（　　）。
A. B to B　　B. G to C
C. C to P　　D. E to C

11. 企业与政府之间的电子商务，简称为（　　）。
A. B to G　　B. G to C
C. C to P　　D. E to C

12. 消费者对消费者之间的电子商务，简称为（　　）。
A. C to C　　B. G to C
C. C to P　　D. E to C

13. 电子商务通用交易过程可分为（　　）个阶段。
A. 3　　B. 4
C. 5　　D. 6

14. 我国政府于20世纪90年代启动的“三金工程”是指（　　）。
A. “金桥”“金卡”“金关”　　B. “金关”“金卡”“金税”
C. “金桥”“金关”“金税”　　D. “金卡”“金网”“金关”

15. 国际电子商务，是指企业利用电子商务运作的各种手段所从事的（　　）活动。
A. 国内贸易　　B. 经济贸易
C. 国际贸易　　D. 电子贸易

（二）填空题

1. 国际商会于1997年11月给出了电子商务的定义：电子商务是指________。

2. 通俗地来说，电子商务是指交易者之间依托计算机网络特别是________，按照一定的规则或标准进行的各种商务活动。

3. 电子商务就其应用领域或应用模式划分，包括企业与企业之间的应用、企业与消费者之间的应用、企业与________之间的应用和企业________电子商务等。概括地说，在这些模式中，目前最具潜力的是企业内部和企业与企业之间的电子商务。

4. 企业与企业之间的应用，简称________，是目前开展得最为广泛和比较成熟的应用领域，企业之间开展电子商务最主要的活动是________和供应链管理。

5. 消费者对消费者之间的电子商务是互联网上产生的一种新模式，即个人对个人的商务交易方式，简称________，也有人称之为P to P、P2P。其中兴起一种拍卖或竞买的网站，开展网络________。个人可以到网站注册入户，参加竞买。

6. 1998年2月6日，国务院有关部门最终审议通过了“________”的定义，即国家利用计算机网络技术实施对外经济贸易和相关领域的标准化、规范化、科学化、网络化的管理，是国家信息化重点工程。

7. 1998 年 3 月，外经贸部的官方网站（http：//www. mofcom. gov. cn）在互联网上建立了在线广交会站点（____________）、中国商品交易市场站点（____________）、中国技术出口交易会站点（http：//www. techfair. com. cn/）、中国招商站点（http：//www. chinainvest. com. cn/）等知名站点。成为我国对外经济贸易与世界贸易沟通的信息桥梁，及时向全球各国介绍中国的外经贸政策法规、著名企业和产品，为全国各级外经贸管理机关和各类进出口企业提供信息和网络服务，已成为我国外经贸发展的重要组成部分。

8. 2000 年 8 月，中国口岸“________”开发完成，并在北京、上海、天津和广州试运行。2001 年 6 月 1 日，在全国口岸使用。

9. 1993 年，国务院提出实施金关工程，金关工程就是要推动________的电子化，取代传统的报关方式以节省单据传送的时间和成本。2001 年，“金关”工程正式启动。

10. 金贸工程 1998 年 10 月正式启动，是国家继“金桥”“金关”“金卡”“金税”等工程之后，为促进我国________电子化和信息化建设而实施的应用工程，它将使我国商品流通领域产生重大突破。

（三）问答题

1. 国际商会和我国对电子商务的定义分别是什么？
2. 电子商务与传统商务相比，有哪些新的特点？
3. 电子商务按应用领域或应用模式划分可以分为哪几种类型？
4. 电子商务有哪些功能？
5. 电子商务交易过程分为哪几个阶段？
6. 简述电子商务活动的主要角色。
7. 简述办理交易前的准备活动。
8. 简述交易谈判和签订贸易合同的过程。
9. 简述交易合同的履行过程。
10. 简述交易后的售后服务过程。
11. 国际电子商务的定义是什么？
12. 什么是金关工程和金贸工程？

（四）操作题

1. 网上购物——大洋书城购书。
2. 网上订票——携程旅行网订票。
3. 了解“金贸工程”示范单位——中国商品交易中心。

二、参考答案

（一）单项选择题

1. B。理由：电子商务的英文名称是 Electronic Commerce，缩写成 EC。

2. D。理由：电子商务（Electronic Commerce）是在 Internet 开放的网络环境下，基于浏览器/服务器应用方式，实现消费者的网上购物、商户之间的网上交易和在线电子支付的一种新型的商业运营模式。因此，它的本质是商务和网上教育等。

3. C。理由：电子商务是指交易者之间依托计算机网络特别是 Internet，按照一定的规则或标准进行的各种商务活动。

4. B。理由：1997 年 11 月，国际商会在法国首都巴黎举行了世界电子商务会议（The World Business Agenda for Electronic Commerce），来自世界各国的商业、信息技术、法律等领域的专家和政府部门的代表共同探讨了电子商务的一系列问题，并给出了电子商务迄今为止最权威的概念阐述：电子商务，是指对整个贸易活动实现电子化。

5. D。理由：Internet 上的电子商务可以分为三个方面：信息服务、交易和支付。主要内容包括：电子商情广告；电子选购和交易、电子交易凭证的交换；电子支付与结算以及售后的网上服务等。它不包括面对面谈判。

6. D。理由：1998 年 3 月 6 日，我国国内第一笔 Internet 网上电子商务交易成功。它是由世纪互连通讯技术有限公司和中国银行共同携手完成的。这标志着我国电子商务已经开始进入实用阶段。这些成绩都是在极其困难的情况下取得的，虽然是刚刚起步，但它却显示了中国在开拓电子商务市场过程中的勇气和智慧。

7. D。理由：电子商务就其应用领域或应用模式划分，包括企业与企业之间的应用、企业与消费者之间的应用、企业与政府之间的应用和企业内部电子商务，还有正在兴起的消费者对消费者之间的电子商务，总共五种。

8. A。理由：企业与消费者之间的应用，简称 B to C 或 B2C。企业通过互联网为消费者提供一个新型的购物环境——网上商店，消费者通过网络在网上购物、支付。

9. C。理由：企业内部电子商务，C to P，有人也称其为 C2P（公司与雇员），它是通过企业内联网处理与交换经济信息、开展经济管理活动的一种形式，这是一个常被人们忽视又十分重要的应用领域。

10. A。理由：企业与企业之间的应用，简称 B2B，是目前开展得最为广泛和比较成熟的应用领域，企业之间开展电子商务最主要的活动是网上采购和供应链管理。网上采购是按照供应链的环节依次展开的。

11. A。理由：企业与政府之间的电子商务，简称 B2G，主要表现在网上报关、纳税、政府采购、工程招标和产业政策调控等一系列领域，广义的含义还包括电子政务。企业的生存发展与政府有着密切的联系。

12. A。理由：消费者对消费者之间的电子商务是互联网上产生的一种新模式，即个人对个人的商务交易方式，简称 C2C。也有人称之为 P to P、P2P。其中兴起一种拍卖或竞买的网站，开展网络竞价交易。个人可以到网站注册入户，参加竞买。

13. C。理由：从电子商务的交易分类来看，主要有企业对企业（B to B）和企业对消费者（B to C）两种方式。而无论哪种方式的电子商务交易过程都可以归纳为以下五个组成阶段：①交易前的准备；②交易谈判和签订贸易合同；③办理交易进行前的手续；④交易合同的履行；⑤交易后的售后服务。

14. A。理由：我国从 20 世纪 90 年代开始就对电子商务给予重视，相继实施了“金桥”“金卡”“金关”等一系列金字工程，从 1994 年起，我国部分企业就开始涉足电子商务，并取得了喜人的成绩。

15. C。理由：国际电子商务，是指企业利用电子商务运作的各种手段所从事的国际贸易活动。它所反映的是现代信息网络技术所带来的国际贸易过程的电子化。

（二）填空题

1. 对整个贸易活动实现电子化。理由：1997 年 11 月，国际商会在法国首都巴黎举行了世界电子商务会议（The World Business Agenda for Electronic Commerce），来自世界各国的商业、信息技术、法律等领域的专家和政府部门的代表共同探讨了电子商务的一系列问题，并给出了电子商务迄今为止最权威的概念阐述：电子商务，是指对整个贸易活动实现电子化。

2. Internet。理由：通俗地来说，电子商务是指交易者之间依托计算机网络特别是 Internet，按照一定的规则或标准进行的各种商务活动。

3. 政府　内部。理由：电子商务就其应用领域或应用模式划分，包括企业与企业之间的应用、企业与消费者之间的应用、企业与政府之间的应用和企业内部电子商务等。概括地说，在这些模式中，目前最具潜力的是企业内部和企业与企业之间的电子商务。

4. B2B　网上采购。理由：企业与企业之间的应用，简称 B2B，是目前开展得最为广泛和比较成熟的应用领域，企业之间开展电子商务最主要的活动是网上采购和供应链管理。

5. C2C　竞价交易。理由：消费者对消费者之间的电子商务是互联网上产生的一种新模式，即个人对个人的商务交易方式，简称 C2C。也有人称之为 P to P、P2P。其中兴起一种拍卖或竞买的网站，开展网络竞价交易。个人可以到网站注册入户，参加竞买。

6. 金关工程。理由：1998 年 2 月 6 日，国务院有关部门最终审议通过了“金关工程”的定义，即国家利用计算机网络技术实施对外经济贸易和相关领域的标准化、规范化、科学化、网络化的管理，是国家信息化重点工程。

7. http：//www. cecf. com. cn/　http：//www. chinamarket. com. cn。理由：1998 年 3 月，外经贸部的官方网站（http：//www. mofcom. gov. cn）在互联网上建立了在线广交会站点（http：//www. cecf. com. cn/）、中国商品交易市场站点（http：//www. chinamarket. com. cn）、中国技术出口交易会站点（http：//www. techfair. com. cn/）、中国招商站点（http：//www. chinainvest. com. cn/）等知名站点。成为我国对外经济贸易与世界贸易沟通的信息桥梁，及时向全球介绍中国的外经贸政策法规、著名企业和产品，为全国各级外经贸管理机关和各类进出口企业提供信息和网络服务，已成为我国外经贸发展的重要组成部分。

8. 电子执法系统。理由：2000 年 8 月，中国口岸“电子执法系统”开发完成，并在北京、上海、天津和广州试运行。2001 年 6 月 1 日，在全国口岸使用。

9. 海关报关业务。理由：1993 年，国务院提出实施金关工程，金关工程就是要推动海关报关业务的电子化，取代传统的报关方式以节省单据传送的时间和成本。2001 年，“金关”工程正式启动。

10. 商品流通领域。理由：金贸工程 1998 年 10 月正式启动，是国家继“金桥”“金关”“金卡”“金税”等工程之后，为促进我国商品流通领域电子化和信息化建设而实施的应用工程，它将使我国商品流通领域产生重大突破。

（三）问答题

1. 答：（1）1997年11月，国际商会在法国首都巴黎举行了世界电子商务会议（The World Business Agenda for Electronic Commerce），来自世界各国的商业、信息技术、法律等领域的专家和政府部门的代表共同探讨了电子商务的一系列问题，并给出了电子商务迄今为止最权威的概念阐述：电子商务，是指对整个贸易活动实现电子化。

（2）我国对电子商务的定义为：电子商务是各参与方之间以电子方式而不是通过物理直接交换或直接物理接触完成业务交易。

2. 答：电子商务是在传统商务的基础上发展起来的，由于有了信息技术的支撑，电子商务活动的方式呈现出一些新的特点。

①交易电子化。通过互联网进行的商务活动，交易双方从搜集信息、贸易洽谈、签订合同、货款支付到电子报关，无须当面接触，均可以通过网络运用电子化手段进行。

②贸易全球化。互联网打破了时空界限，把全球市场联结成为一个整体。

③运作高效化。由于实现了电子数据交换的标准化，使商业报文能在瞬间完成传递与计算机自动处理，电子商务克服了传统贸易方式费用高、易出错、处理速度慢等缺点，极大地缩短了交易时间，提高了商务活动的运作效率。

④交易透明化。互联网上的交易是透明的，通过互联网，买方可以对众多的企业产品进行比较，这使得买方的购买行为更加理性，对产品选择余地也更大。网络招标体现了“公开、公平、竞争、效益”的原则，电子招标系统可以避免招投标过程中的暗箱操作现象，使不正当交易、贿赂投标等腐败现象得以制止。

⑤操作方便化。互联网几乎遍及全球的各个角落，用户通过网络可以方便地与贸易伙伴传递商业信息和文件。在电子商务环境中人们不再受时间和地点的限制，客户能以非常简便的方式完成过去手续繁杂的商务活动。

⑥部门协作化。电子商务要求企业内部各部门、生产商、批发商、零售商、银行、配送中心、通信部门、技术服务等多个部门的通力协作。

⑦服务个性化。到了电子商务阶段，企业可以进行市场细分，针对特定的市场生产不同的产品，为消费者提供个性化服务。这种个性化主要体现在三个方面：个性化的信息、个性化的产品、个性化的服务。

3. 答：电子商务就其应用领域或应用模式划分，包括企业与企业之间的电子商务、企业与消费者之间的电子商务、企业与政府之间的电子商务、企业内部电子商务和消费者对消费者之间的电子商务。

4. 答：电子商务可提供网上交易和管理等全过程的服务。因此它具有广告宣传、咨询洽谈、网上订购、网上支付、电子账户、供应链管理、服务传递、情报搜集与意见征询、交易管理及企业内部信息化管理等多项功能。

5. 答：电子商务交易过程都可以归纳为以下五个组成阶段：交易前的准备、交易谈判和签订贸易合同、办理交易进行前的手续、交易合同的履行、交易后的售后服务。

6. 答：电子商务活动的主要角色有：顾客（购物者、消费者）、销售商店（电子商务销售商、商家或企业）、商业银行（参加电子商务的银行，顾客和销售商店、商家或企业都在银行中开设账户）、信用卡公司（持卡人的信用卡服务公司）、网络（因特网，大众公用网络等）和电子商务服务器。

7. 答：买卖双方和参与交易的各方在这一阶段所进行的签约前的准备活动。

①买方根据自己要买的商品，准备购货款，制定购货计划，进行货源的市场调查和分析，了解各个卖方国家的贸易政策，反复进行市场查询，利用 Internet 和各种电子商务网络寻找自己满意的商品和商家。然后修改并最后确定和审批购货计划，再按计划确定购买商品的种类、数量、规格、价格、购货地点和交易方式等。

②卖方对自己所销售的商品，进行全面的市场调查和分析，了解各个买方国家的贸易政策，制定各种销售策略和销售方式，召开商品新闻发布会并制作广告宣传、利用 Internet 和各种电子商务网络发布商品广告等手段扩大影响，寻找贸易伙伴和交易机会，扩大贸易范围和商品所占市场的份额。

③参加交易的其他各方如中介机构、银行金融机构、信用卡公司、海关系统、商检系统、保险公司、税务系统、运输公司等，也都为买卖双方进行电子商务交易做好准备。

8. 答：买卖双方在这一阶段利用电子商务系统对所有交易细节进行网上谈判，将双方磋商的结果以电子文件的形式签订贸易合同。在合同中对买卖双方在交易中的权利、所承担的义务、所购买商品的种类、数量、价格、交货地点、交货期、交易方式和运输方式、违约和索赔等均有明确的条款。贸易合同双方可以利用电子数据交换（EDI）进行签约，也可以通过数字签名等方式签约。

9. 答：这一阶段从买卖双方办完与交易有关的各种手续之后开始。卖方准备货物、进行报关、保险、取证、信用卡等，然后将买方的商品交付运输公司包装、起运、发货。买卖双方通过电子商务服务器跟踪发出的货物，银行和金融机构也按照合同，处理双方的收付款并进行结算，出具相应的银行单据等。当买方收到所购的商品，整个交易过程就完成了。

在买卖双方的交易过程中出现违约时需要进行违约处理，受损方按贸易合同有关条款向违约方进行索赔。

10. 答：这一阶段主要是指企业帮助客户解决产品使用中的问题，排除技术故障，提供技术支持，传递产品改进或升级的信息，处理客户对产品与服务的反馈信息。电子商务能十分方便地采用网页上的“选择”、“填空”等格式文件来收集用户对销售服务的反馈意见。这样使企业的市场营销能形成一个封闭的回路。客户的反馈意见不仅能提高售后服务的水平，更使企业获得改进产品、发现市场的商业机会。网上售后服务不仅响应快、质量高、费用低，而且可以大大减少服务人员的工作强度。

11. 答：国际电子商务，是指企业利用电子商务运作的各种手段所从事的国际贸易活动。它所反映的是现代信息网络技术所带来的国际贸易过程的电子化。它利用现代通信技术、计算机技术和网络技术，将参与贸易的各方用网络连接在一起，以电子数据传输方式完成从建立贸易关系、商业谈判、电子合同签订到租船、订舱、报关、报验、申请许可证、配额、货款结算的全部交易过程，减少了中间环节，极大地提高了交易效率，降低了交易成本。

12. 答：1993 年，国务院提出实施金关工程，金关工程就是要推动海关报关业务的电子化，取代传统的报关方式以节省单据传送的时间和成本。2001 年，“金关”工程正式启动。金关工程的核心有两块，一是海关内部的通关系统；二是外部口岸电子执法系统。

金贸工程于 1998 年 10 月正式启动，是国家继“金桥”“金关”“金卡”“金税”等工程之后，为促进我国商品流通领域电子化和信息化建设而实施的应用工程，它将使我国商品流通领域产生重大突破。

（四）操作题

1. 网上购物——大洋书城购书。

操作指南：

第一步：登录大洋网站并进入大洋书城。

打开浏览器，在地址栏输入：http：//www. dayoo. com，进入大洋网主页（如图 1－1）。

图 1－1　大洋网主页

在该主页中单击“书城”链接，便可进入“大洋书城”网页，见图 1－2。该网页有“大洋通行证”“快速搜索”“书目分类”“书城公告”“新书上架”“靓书点评”“名家荟萃”“丛书专柜”“出版书讯”等栏目。在大洋书城购书，若是会员可以获得八折优惠，故我们一般应注册为会员。

图 1-2　大洋书城主页

第二步：会员注册。

在图 1-2 中的“大洋通行证”栏目中，点击“新会员注册”，便进入“新会员注册”网页，见图 1-3。在注册时，填写完用户名之后，可点击其后的“检查用户名是否重复”字样，若重复（即已有人使用此用户名）系统会提示，用户需重填新的用户名，直到通过系统的检查为止；若通过系统的检查，便继续填写其他项目，最后点击“确定”按钮。若所填写的项目都正确无误，系统会逐步启动大洋书城、大洋论坛和大洋求职广场给用户使用，并恭贺用户。

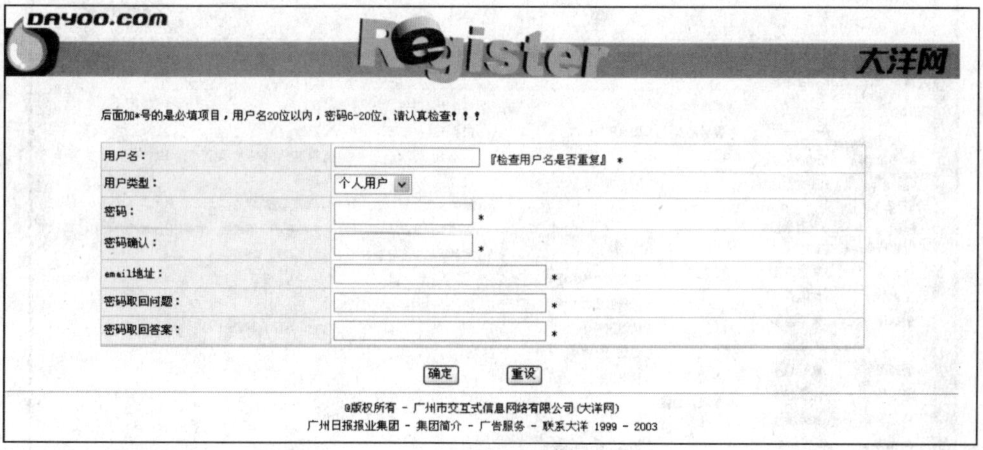

图 1-3　新会员注册网页

第三步：浏览书目。

在大洋书城网页（见图 1-2）中，点击“大洋图书导购”栏目右下角的“更多”，可以链接到大洋书城书目分类网页，见图1－4。在该网页的左边给出了图书的分类目录。

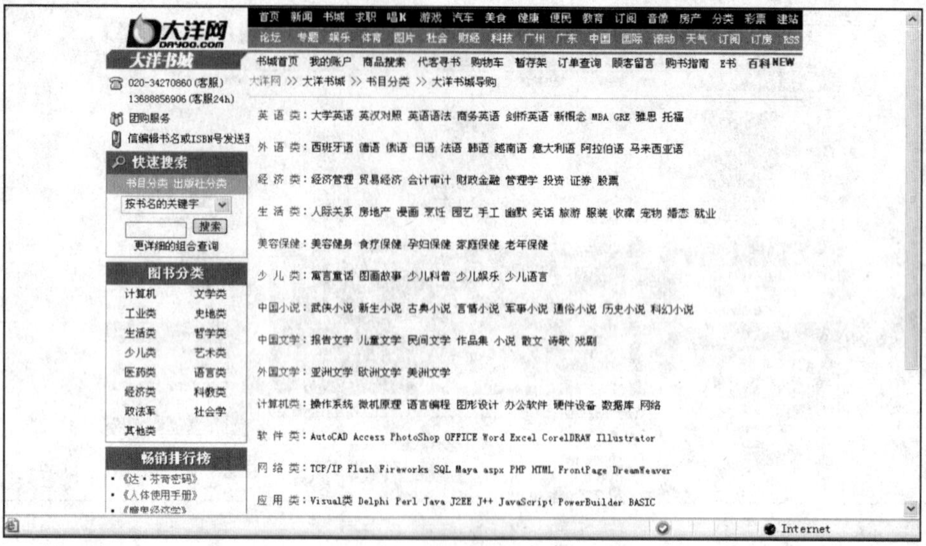

图1－4　大洋书城书目分类网页

只要点击了某一类目录，系统会在右边给出它的子目录，然后从子目录中选择细分子目录，系统会将该细分子目录下的书目列表给出。例如，我们点击“经济类”，可见到图1－5所示的经济学类网页，再点击网页中的“贸易经济”>“国内贸易经济”>“商品流通与市场”>“销售”>“零售”：“电子贸易”，便得到图1－6所示的电子贸易类网页。

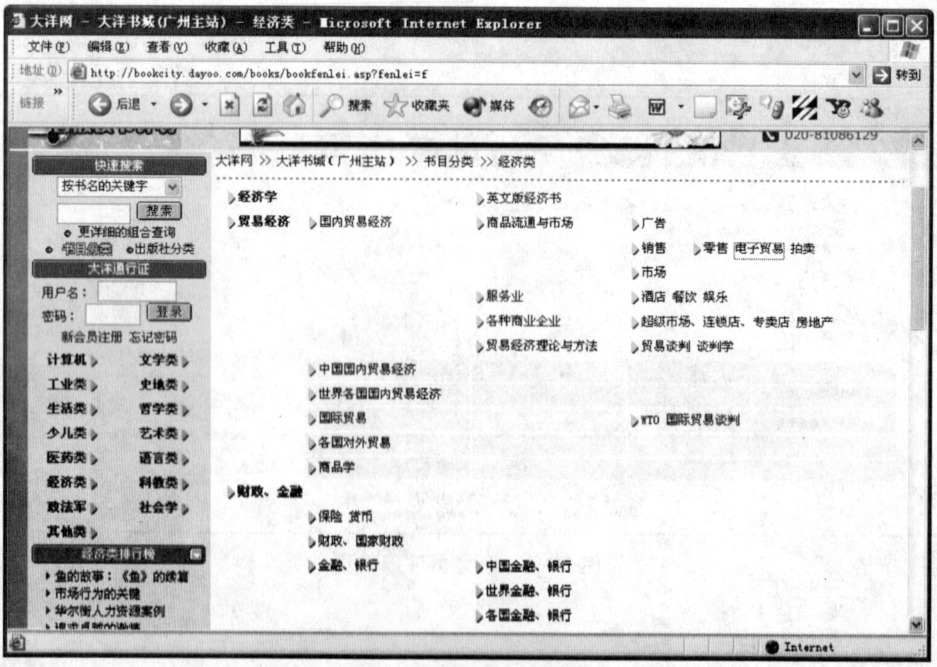

图1－5　经济学类网页

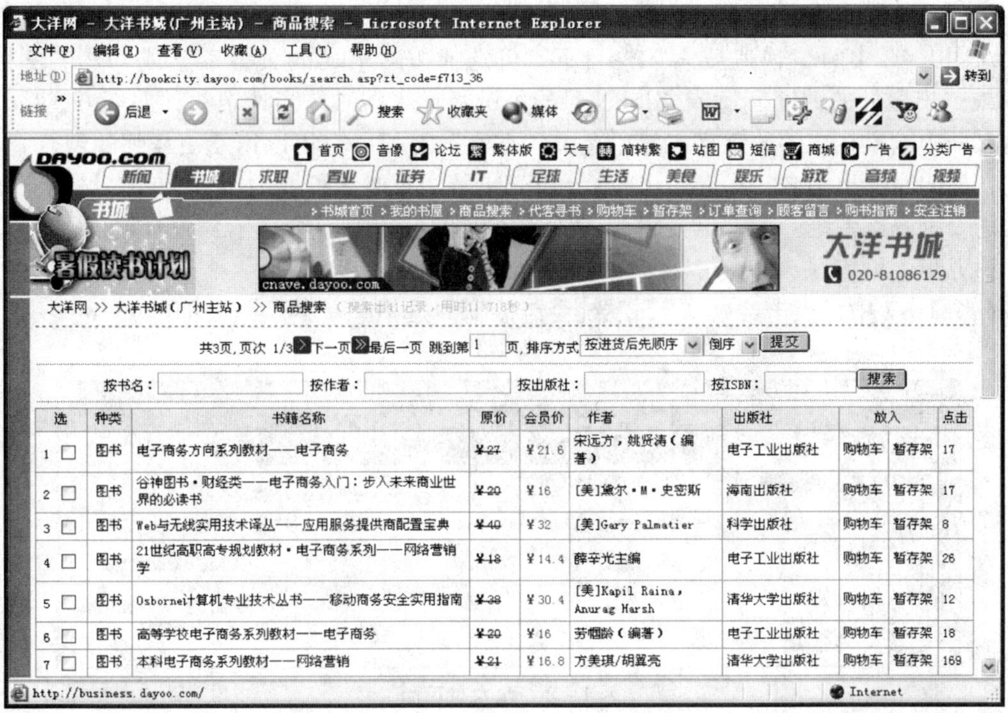

图 1－6　电子贸易类网页

在图 1－6 中选中第四本书后单击它，可见到它的详细介绍，如图 1－7 所示。

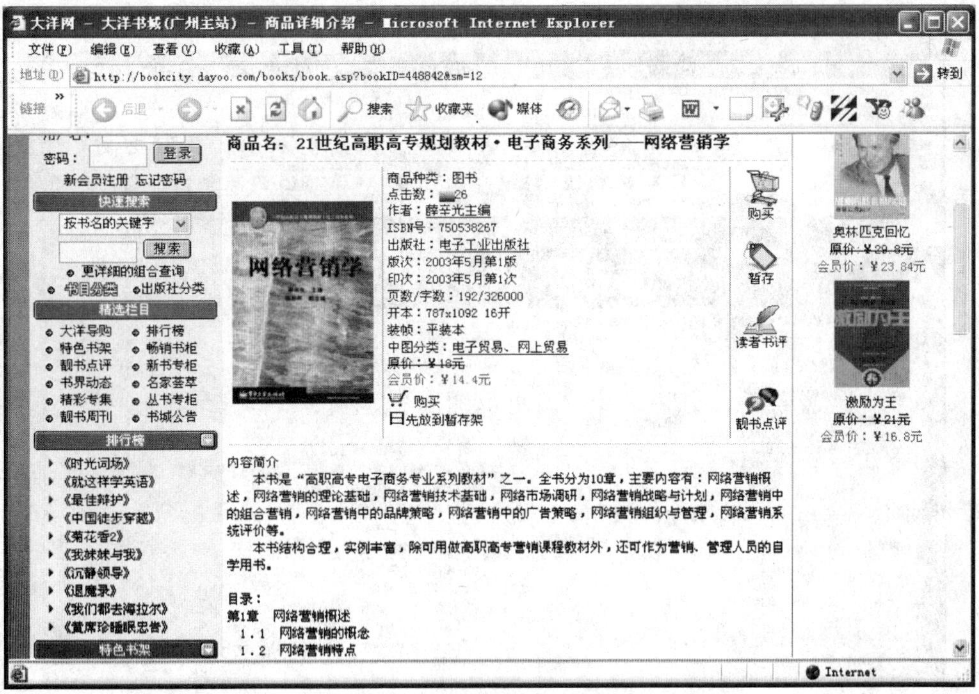

图 1－7　商品详细介绍页面

第四步：搜索图书。

在图 1－2 中的“快速搜索”栏目下，可选择按“书名的关键字”或“作者的关键字”或“出版社的关键字”或“ISBN 号的关键字”来搜索，当选定一种搜索方式后，便在输入框中输入相应的关键字，然后点击“搜索”按钮；也可以用“更详细的组合查询”方式，即同时给出书名、作者、出版社和 ISBN 号，来搜索所要的图书。若书城中有所要搜索的书目，则系统会显示出如图 1－7 所示的网页，否则，会显示“没有记录”。

第五步：订购。

在图 1－7 中，点击“购买”，系统会链接到“购物车”的网页，如图 1－8 所示。

图 1－8　购物车页面

在此网页中可“更改数量”，也可“清空购物车”，还可以继续购买其他图书。若对放入购物车的商品（图书）决定购买后，可点击“下订单”按钮，此时系统便会链接到下一个网页——“填写送货单信息页面”，如图 1－9 所示。

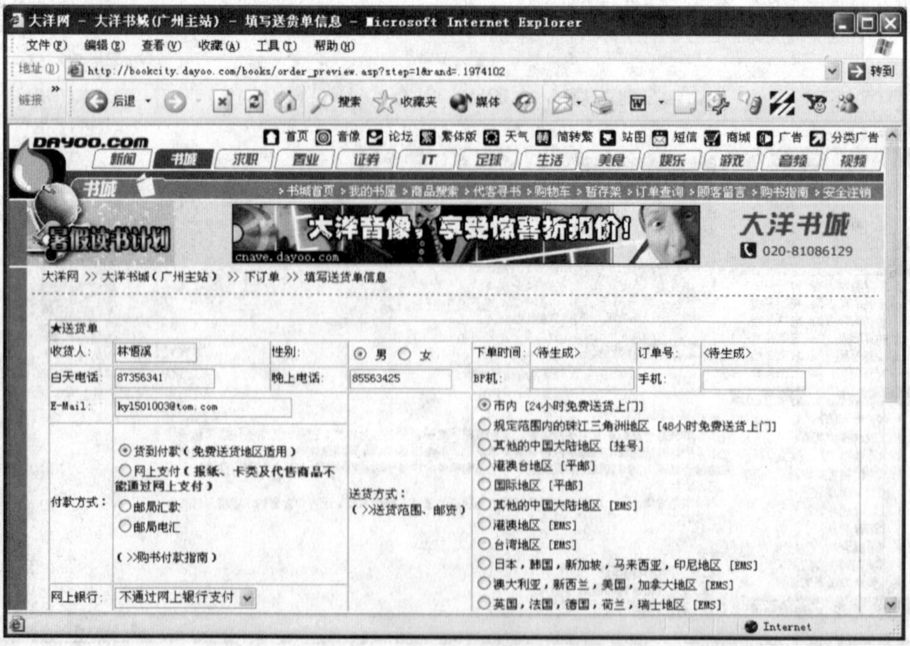

图 1－9　填写送货单信息页面

在此网页中，用户要填写送货单信息，其中支付方式有四种：货到付款、网上支付、邮局汇款、邮局电汇，用户要选定一种。若选择网上支付，还要在网上银行一栏选择哪一个银行。

待用户填完送货单信息后，大洋书城电子商务系统将生成正式的订货单，用户要将订单号记下以备查对，如图 1－10 所示。

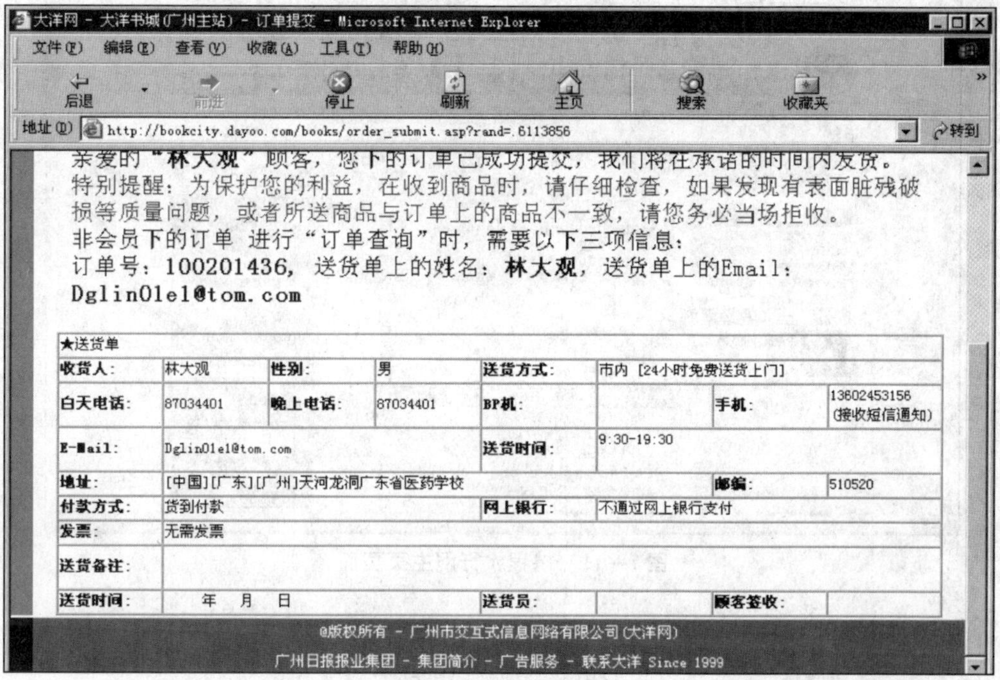

图 1－10　订货单页面

第六步：送货付款。

大洋书城将在许诺的时间内给用户送书，当然，送货前他们还会电话确认一次。而用户收到货后要签收并付款（若选择网上支付则不用付款）。

2. 网上订票——携程旅行网订票。

操作指南：

（1）携程旅行网简介。

携程旅行网（简称携程）是一家吸纳海外风险投资组建的旅行服务公司，携程的总部设在中国上海，下有北京、广州、深圳、香港等十个分公司，并在全国三十二个大中城市设有分支机构，现有员工四千余人，是国内最大的旅游电子商务网站，最大的商务及度假旅行服务公司，提供酒店、机票、度假产品的预订服务，以及国内、国际旅游实用信息的查询。

携程已与国内各大航空集团及主要航空公司和机票代理建立了良好的合作关系，建有全国统一的预订服务中心，提供国际国内所有航线的机票预订服务，并在北京、上海、广州、深圳、杭州、成都、南京、西安、重庆等 45 个商旅城市开展了送票上门服务。

（2）进入携程旅行网。

登录网站：http：//www. ctrip. com 进入携程旅行网，出现如下图 1 – 11 所示的携程旅行网主页页面。

图 1 – 11　携程旅行网主页页面

①用户登录（如新用户必须先免费注册，方法与操作题第 1 题类似进行注册，然后登录）。

②查询机票。

在订票前，先查询是否还有该机票。点击“机票”按钮，出现如图 1 – 12 所示的查询机票页面：

图 1 – 12　查询机票页面

选择出票点，输入出发城市、乘客数、出发日期、类型、目的城市、乘客类型、返回日期等，然后点击查询。如下图 1－13 所示。

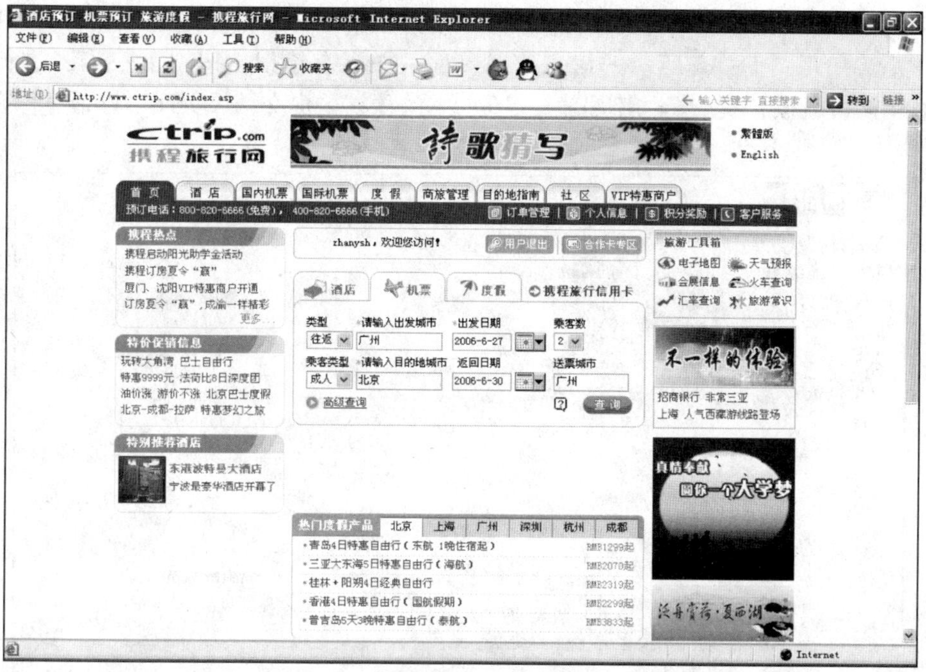

图 1－13　输入查询机票页面

出现如图 1－14“选择航班”页面，这样就可以选择所需要的航班，选择时注意标准价选择和折扣价选择，价格相差很大。

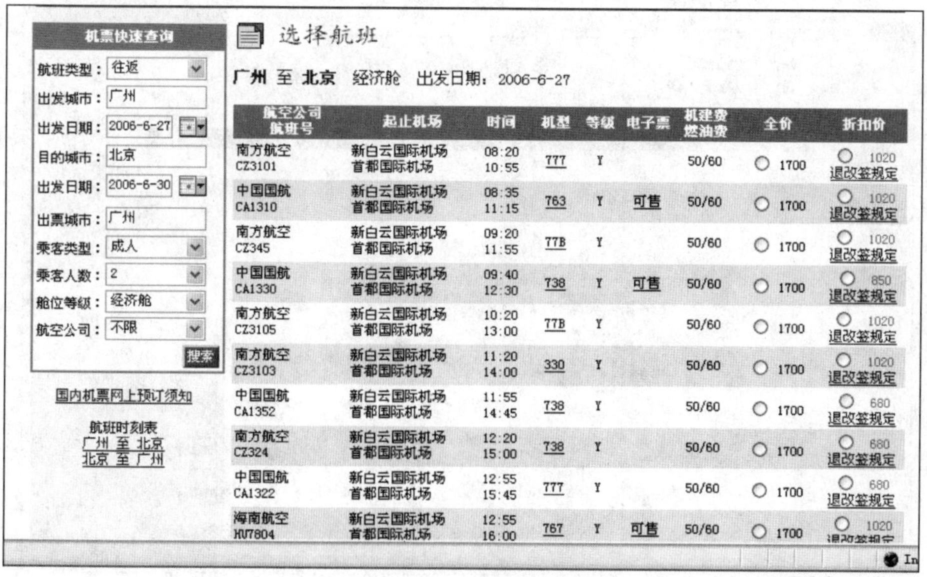

图 1－14　选择航班页面

选定之后，按“下一步”。出现“填写机票预订单”页面，填写登机人信息，包括姓名、证件类型、证件号码、出生日期、性别和常旅客卡号；选择机票类型以及每人购买保险份数。按“下一步”，填写联系信息、支付方式、出票时间。按“下一步”，如果选择“信用卡”支付，就要求填写有关信用卡资料，按“下一步”。如果选择现金支付，按“下一步”之后，出现图1-15所示的信息核对页面。如果有错误，按“上一步”进行修改，如果没有错误，就按“提交”。出现图1-16所示的预订单提交结果页面。订票过程完成。

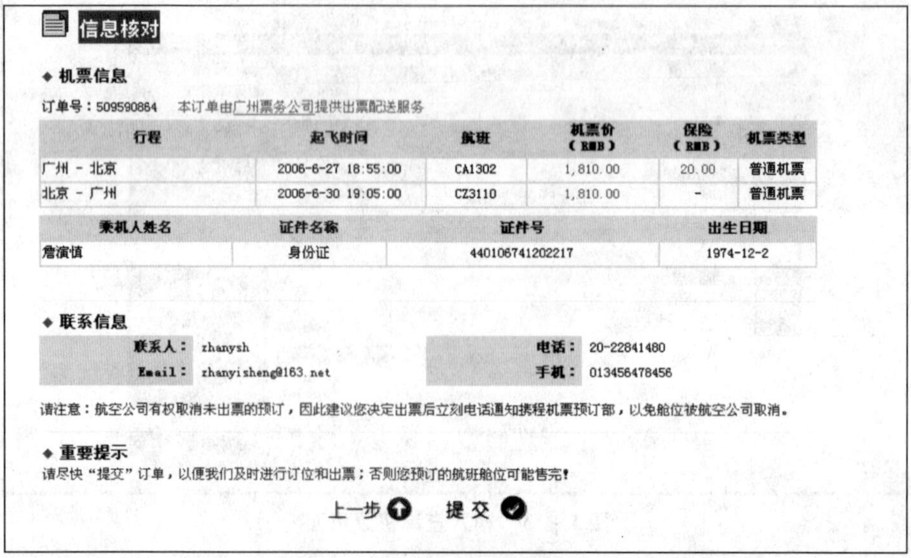

图1-15　信息核对页面

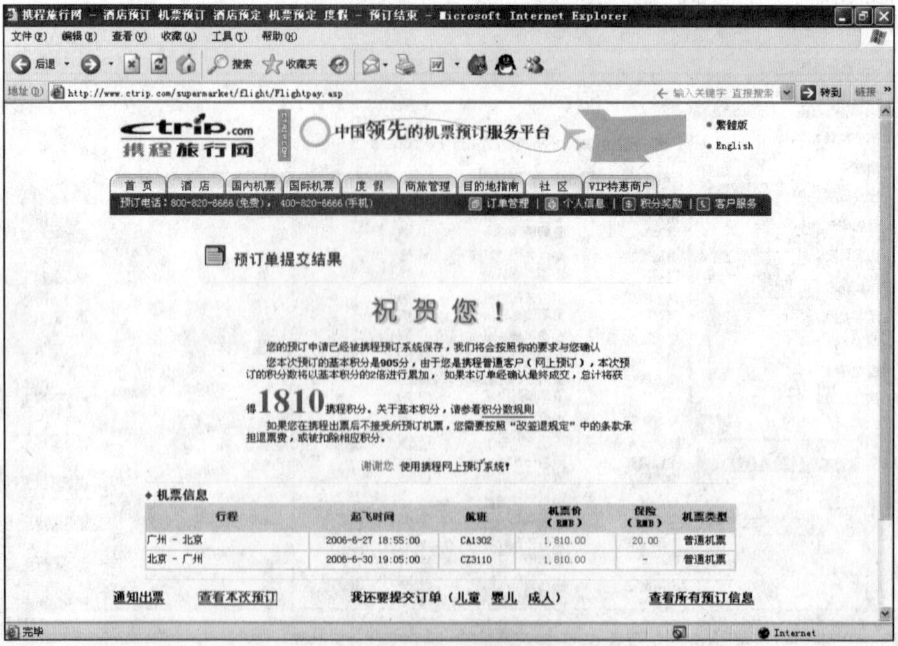

图1-16　预订单提交结果页面

其他的订票网站有：商务 3588 旅游网（http：//www. china3588. com/）；中国票务中心（http：//www. 51piao. com/）；信天游（http：//www. travelsky. com/gb/index. htm）；中国订票网（http：//www. china757. com/）等。

3. 了解“金贸工程”示范单位——中国商品交易中心。

（1）概况。

中国商品交易中心（CCEC）是国家经济贸易委员会于 1997 年初批准组建并依《公司法》注册成立的全国性经济组织。中国商品交易中心电子商务网络系统于 1997 年 10 月在全国正式开通，网络域名为 CCEC. COM 或 CCEC. COM. CN。CCEC 是国家经济贸易委员会、国家发展计划委员会牵头并会同信息产业部、财政部、公安部、对外经济贸易合作部、中国人民银行、中国海关总署、国家税务总局、国家工商总局、国家质量技术监督局、国内贸易局、国务院法制办等 13 个部委共同启动的在中国流通领域推行电子贸易的“金贸”工程的实施单位。CCEC 承担着中国流通方式电子化的试点与示范的重任。

CCEC 创建的中国电子商务平台，是为中国企业利用国际互联网汇入全国和全球大市场，进行企业间商品交易而设计开发的专用平台。它是中国电子商务领域中建设最早、规模庞大、功能齐全、界面友好、适合国情与企业需求的电子商务应用系统。CCEC 电子商务应用平台的成功建设，为企业提供了低成本进入国际互联网和进行低成本交易的商务平台工具和手段，引发了流通领域的深刻变革，极大地推动了中国电子商务的发展。

（2）进入“中国商品交易中心”页面。

登录网站 http：//www. ccec. com 进入中国商品交易中心网，出现如图 1－17 所示的中国商品交易中心主页页面。如果是新用户，可以先通过新用户向导了解：注册、登录 CCEC、发布信息、交易洽谈及后续流程情况。如果是老用户就可以直接登录进入。然后就可以进入信息发布、查询、交易洽谈、结算物流配送和交割。

图 1－17　中国商品交易中心主页页面

（3）进入“信息发布”页面。

单击“信息发布”按钮，进入信息发布首页，注册用户可发布的信息有：销售商品信息发布、采购商品信息发布、企业信息发布。分别单击“销售商品信息发布”进入销售商品信息发布，这样就可以把自己的商品信息发布出去。其他的也一样。

（4）进入“查询”页面。

单击“查询”按钮，进入查询首页，用户可以查询企业信息、查询销售商品信息、查询采购商品信息。分别单击“查询销售商品信息”进入销售商品信息的查询，这样就可以查询自己的销售商品信息。其他的也一样。

（5）进入“交易洽谈”页面。

单击“查询”按钮，进入交易洽谈首页，用户可以在这里处理本企业合同、处理本企业订单、查询销售商品、查询采购商品。

当查询到所需要的商品，就可以轻松进行网上交易了。如果属于再次进行同单网上交易洽谈，应输入交易身份和交易密码进行“验证”。如果是开始一单新合同（订单），系统将自动为用户和对方分配交易身份和交易密码。如果想查询对方发起的新合同，请到“客户办公厅”中取得“交易身份”和“交易密码”进行交易。注意，此身份跟密码只能被取得一次。本中心提供了“合同”和“订单”两种交易方式可任意选择。

（6）进入“结算”页面。

单击“结算”按钮，进入结算首页，用户可以在这里选择货款结算方式、货款结算状态查询，选择网上结算。

灵活多样的结算方式和支付手段任您选择。当然，如果您对商品交易过程中的信用保障心存疑虑，我们建议您采用安全、便利的 CCEC 中介结算方式。

CCEC 中介结算是为了最大限度降低交易双方的交易风险，CCEC 作为中介参与交易双方的资金结算，为会员独家提供全新的安全结算服务模式，目的是最大限度的保障买卖双方的权益和交易安全，有效地降低交易风险。CCEC 中介结算的特点有：

①CCEC 以信誉中介方的身份介入交易履约过程；

②CCEC 依约受托负责买卖双方之间的货款结算；

③在可能出现结算交割纠纷时 CCEC 依照交易规则约定按原始权属对货款和货物实行滞留保全，以待按双方协商或法律仲裁结果实行最终给付。

（7）进入“物流配送”页面。

单击“物流配送”按钮，进入物流配送首页，用户可以在这里查询配送运输企业 、合同洽谈、查看物流配送状态。

CCEC 物流配送市场是一个服务于物流配送供需双方的专业网络平台。它不但能为物流配送供需双方提供信息发布和信息查询的手段，而且推出了网上交易洽谈和实时物流配送状态跟踪控制的服务，是真正的物流配送全程网络操作平台。

物流配送市场提供了信息发布、查询信息、交易洽谈、配送状态控制功能。

信息发布包括：服务方/需求方发布信息公告、服务方/需求方管理信息公告。

交易洽谈发起（需求方按行业查询企业发起交易洽谈、需求方按注册地点查询企业发起交易洽谈、需求方按公告查询企业发起交易洽谈、服务方查询需求公告发起交易洽谈）、合同洽谈、合同变更。

配送状态控制包括：填写、显示状态（服务方/需求方填写状态通知、服务方/需求方显示状态）、紧急通告（服务方通告、需求方通告）。

（8）进入“交割”页面。

第一步：登录。进入“商品交割”，请先提供用户身份、用户密码、交易身份、交易密码。

第二步：查询交割状态。进入中介结算交割阶段的合同或订单其交割状态由 CCEC 总部交易交割员根据结算交割系统记录如实填写，实时显示并可为买卖双方所查询。

中介结算交割服务是 CCEC 独家提供的安全结算交割系统服务，目的是最大限度的保障买卖双方的权益和交易安全，有效地降低交易风险。其特点有：

①CCEC 以中介方的身份介入交易履约过程；

②CCEC 依约受托负责买卖双方之间货款和货物的托收转移；

③在可能出现结算交割纠纷时，CCEC 依照交易规则约定按原始权属对货款和货物实行滞留保全，以待按双方协商或法律仲裁结果实行最终给付。

第二章
电子商务的基础环境

一、练习题

（一）单项选择题

1. 计算机网络最基本的功能是（　　）。

A. 降低成本　　B. 打印文件

C. 资源共享　　D. 文件调用

2. 计算机网络中广域网和局域网的分类是以（　　）来划分的。

A. 信息交换方式　　B. 网络使用者

C. 网络连接距离　　D. 传输控制方法

3. 计算机网络的主要目标是实现（　　）。

A. 数据处理　　B. 文献检索

C. 资源共享和信息传输　　D. 信息传输

4. 计算机网络分局域网、城域网和广域网，（　　）属于广域网。

A. Ethernet 网　　B. Novell 网

C. Chinanet 网　　D. Token Ring 网

5. 使用网络时，通信网络之间传输的介质，不可用（　　）。

A. 双绞线　　B. 无线电波

C. 光缆　　D. 化纤

6. 局域网的英文缩写为（　　）。

A. LAN　　B. WAN

C. ISDN　　D. MAN

7. 主机域名 MH. BIT. EDU. CN 中最高域是（　　）。

A. MH　　B. EDU

C. CN　　D. BIT

8. （　　）是实现数字信号和模拟信号转换的设备。

A. 网卡　　B. 调制解调器

C. 网络线　　D. 都不是

9. 在计算机网络中，为了使计算机或终端之间能够正确传送信息，必须按照（　　）

来相互通信。

A. 信息交换方式　　B. 网卡

C. 传输装置　　D. 网络协议

10. 接入 Internet 的计算机必须共同遵守（　　）。

A. CPI/IP 协议　　B. PCT/IP 协议

C. PTC/IP 协议　　D. TCP/IP 协议

11. 下列各项中，不能作为 URL 的是（　　）。

A. http：//www. bit. edu. cn　　B. http：//www. bit. edu. cn/dir/fi. html

C. www. bit. edu. cn　　D. http：//bit. edu. cn

12. 因特网中电子邮件的地址格式如（　　）。

A. Wang@ nit. edu. cn　　B. wang. Email. nit. edu. cn

C. http：//wang@ nit . edu. cn　　D. http：//www. wang. nit. edu. cn

13. 因特网中，利用浏览器查看 Web 页面时，须输入网址，如下表示的网址不正确的是（　　）。

A. www. cei. gov. cn　　B. http：//www. cei. com. cn

C. http：//www. cei. gov. cn　　D. http：@. cei. gov. cn

14. Internet 称为（　　）。

A. 国际互联网　　B. 广域网

C. 局域网　　D. 世界信息网

15. 因特网利用浏览器查看某 Web 主页时，在地址栏中也可填入（　　）格式的地址。

A. 210. 32. 38. 52　　B. 168. 3. 138

C. 118. AA. 3　　D. 210. 32. AA. 5

16. 在 TCP/IP（IPv4）协议下，每一台主机设定一个唯一的（　　）位二进制的 IP 地址。

A. 16　　B. 32

C. 24　　D. 12

17. 域名 MH. BIT. EDU. CN 中主机名是（　　）。

A. MH　　B. EDU

C. CN　　D. BIT

18. IE 6. 0 是一个（　　）。

A. 操作系统平台　　B. 浏览器

C. 管理软件　　D. 翻译器

19. DNS 的中文含义是（　　）。

A. 邮件系统　　B. 地名系统

C. 服务器系统　　D. 域名服务系统

20. ISDN 的含义是（　　）。

A. 计算机网　　B. 广播电视网

C. 综合业务数字网　　D. 光缆网

21. HTML语言可以用来编写Web文档，这种文档是（　　）。

A. doc　　B. htm或html

C. txt　　D. xls

22. Web上每一个页都有一个独立的地址，这些地址称做统一资源定位器，即（　　）。

A. URL　　B. WWW

C. HTTP　　D. USL

23. 选择接收e-mail所用的网络协议是（　　）。

A. POP3　　B. SMTP

C. HTTP　　D. FTP

24. 为了实现电话拨号方式连接Internet，除了要具备一根电话线和一台486以上的计算机外，另一个关键的硬件设备是（　　）。

A. 网卡　　B. Modem（调制解调器）

C. 服务器　　D. 路由器

25. 如果想要连接到一个WWW站点，应当以（　　）开头来书写统一资源定位器。

A. shttp：//　　B. ftp：//

C. http：//　　D. HTTPS：//

26. 局域网常用的基本拓扑结构有（　　）、环型和星型。

A. 层次型　　B. 总线型

C. 交换型　　D. 分组型

27. 最早出现的计算机网是（　　）。

A. Internet　　B. Bitnet

C. Arpanet　　D. Ethernet

28. 根据Internet的域名代码规定，域名中的（　　）表示商业组织的网站。

A. . net　　B. . com

C. . gov　　D. . org

29. 下列各项中，（　　）能作为电子邮箱地址。

A. Lin@263. NET　　B. k201#YAHOO

C. A118. 258. 23. 6　　D. K201&YAHOO. COM. CN

30. 一座办公大楼内各个办公室中的微机进行联网，这个网络属于（　　）。

A. WAN　　B. LAN

C. MAN　　D. GAN

31. 计算机传输介质中传输最快的是（　　）。

A. 同轴电缆　　B. 光缆

C. 双绞线　　D. 铜质电缆

32. 浏览Web网站必须使用浏览器，目前常用的浏览器是（　　）。

A. Hotmail　　B. Outlook Express

C. Inter Exchange　　D. Internet Explorer

33. 根据域名代码规定，域名为sina. com. cn表示的网站类别应是（　　）。

A. 教育机构　　B. 军事部门

C. 商业组织　　D. 国际组织

34. 正确的电子邮箱地址的格式是（　　）。

A. 用户名＋计算机名＋机构名＋最高域名

B. 用户名＋@＋计算机名＋机构名＋最高域名

C. 计算机名＋机构名＋最高域名＋用户名

D. 计算机名＋@＋机构名＋最高域名＋用户名

35. 万维网的网址以 http 为前导，表示遵从（　　）协议。

A. 超文本传输　　B. 纯文本

C. TCP/IP　　D. POP

36. Internet 实现了分布在世界各地的各类网络的互联，其最基础和核心的协议是（　　）。

A. TCP/IP　　B. FTP

C. HTML　　D. HTTP

37. Internet 网站域名地址中的 GOV 表示（　　）。

A. 政府部门　　B. 商业部门

C. 网络机构　　D. 非营利组织

38. 在因特网上，一台计算机可以作为另一台主机的远程终端，从而使用该主机的资源，该项服务称为（　　）。

A. Telnet　　B. BBS

C. FTP　　D. Gopher

39. TCP/IP 协议的含义是（　　）。

A. 局域网的传输协议　　B. 拨号入网的传输协议

C. 传输控制协议和网际协议　　D. OSI 协议集

40. 用于局域网的基本网络连接设备是（　　）。

A. 集线器　　B. 网络适配器（网卡）

C. 调制解调器　　D. 路由器

41. 下列关于电子邮件的说法，正确的是（　　）。

A. 收件人必须有 e-mail 账号，发件人可以没有 e-mail 账号

B. 发件人必须有 e-mail 账号，收件人可以没有 e-mail 账号

C. 发件人和收件人均必须有 e-mail 账号

D. 发件人必须知道收件人的邮政编码

42. 根据 internet 的域名代码规定，域名中的（　　）表示政府部门网站。

A. . net　　B. . com

C. . gov　　D. . org

43. TCP/I P 是（　　）使用的协议标准。

A. Novell 网　　B. ATM 网

C. 以太网　　D. Internet

44. e-mail 地址的格式为（　　）。

A. 用户名@邮件主机域名　　B. @用户名邮件主机域名
C. 用户名邮件主机域名@　　D. 用户名@域名邮件主机

45. 根据 internet 的域名代码规定，域名中的（　　）表示教育机构网站。
A. . net　　B. . com
C. . edu　　D. . org

46. 下列域名中，表示教育机构的是（　　）。
A. fpt. bat. net. cn　　B. fpt. cnc. ac. cn
C. www. ioa. ac. cn　　D. www. buaa. edu. cn

47. URL 的一般格式为（　　）。
A. /<路径>/<文件名>/<主机>
B. <通信协议>://<主机>/<路径>/<文件名>
C. <通信协议>:/<主机>/<文件名>
D. //<主机>/<路径>/<文件名>:<通信协议>

48. 主机域名 MH. BIT. EDU. CN 中第一级域名是（　　）。
A. MH　　B. EDU
C. CN　　D. BIT

49. 在电子邮件中所包含的信息（　　）。
A. 只能是文字
B. 只能是文字与图形图像信息
C. 只能是文字与声音信息
D. 可以是文字、声音和图形图像信息

50. 数据通信中的信道传输速率单位用 bps 表示（　　）。
A. 字节/秒　　B. 位/秒
C. K 位/秒　　D. K 字节/秒

51. 局域网最大传输距离为（　　）。
A. 几百米至几千米　　B. 几十千米
C. 几百千米　　D. 几千千米

52. 在 Internet 的基本服务功能中，远程登录所使用的命令是（　　）。
A. ftp　　B. telnet
C. mail　　D. open

53. TCP 协议的主要功能是（　　）。
A. 进行数据分组　　B. 保证数据可靠的传输
C. 确定数据传输路径　　D. 提高数据传输速度

54. TCP/IP 是（　　）。
A. 一种网络操作系统　　B. 一个网络地址
C. 一种通信协议　　D. 一个部件

55. 关于计算机网络，以下说法哪个正确（　　）。
A. 网络就是计算机的集合
B. 网络可提供远程用户共享网络资源，但可靠性很差

C. 网络是通信、计算机和微电子技术相结合的产物

D. 当今世界规模最大的网络是因特网。

56. 计算机网络的主要功能是（　　）。

A. 计算机之间的互相制约

B. 数据通信和资源共享

C. 提高系统可靠性

D. 将负荷均匀地分配给网上各计算机系统

57. 中国教育科研网是指（　　）。

A. CHINAnet　　B. CERNET

C. Internet　　D. CEINET

58. 以下（　　）不是顶级域名。

A. net　　B. edu

C. www　　D. stor

59. 有关邮件账号设置的说法中正确的是（　　）。

A. 接收邮件服务器使用的邮件协议名，一般采用 POP3 协议

B. 接收邮件服务器的域名或 IP 地址，应填入你的电子邮件地址

C. 发送邮件服务器的域名或 IP 必须与接收邮件服务器相同

D. 发送邮件服务器的域名或 IP 必须选择一个其他的服务器地址

60. 就计算机网络分类而言，下列说法中规范的是（　　）。

A. 网络可分为光缆网、无线网、局域网

B. 网络可分为公用网、专用网、远程网

C. 网络可分为数字网、模拟网、通用网

D. 网络可分为局域网、广域网、城域网

61. 要想把个人计算机用电话拨号方式接入 Internet 网，除性能合适的计算机外，硬件上还应配置一个（　　）。

A. 连接器　　B. 调制解调器

C. 路由器　　D. 集线器

62. 在 Internet Explorer 中打开网站和网页的方法不可以是（　　）。

A. 利用地址栏　　B. 利用浏览器栏

C. 利用链接栏　　D. 利用标题栏

63. 在 Outlook Express 中不可进行的操作是（　　）。

A. 撤销发送　　B. 接收

C. 阅读　　D. 回复

64. 建立一个计算机网络需要网络硬件设备和（　　）。

A. 体系结构　　B. 资源子网

C. 网络操作系统　　D. 传输介质

65. 计算机与局域网的连接设备是（　　）。

A. 网关　　B. 网卡

C. 主机　　D. 路由器

66. 下列各项中，非法的 IP 地址是（　　）。

A. 116.95.2.6　　B. 191.256.38.8

C. 205.112.8.16　　D. 205.226.1.68

67. 在数据通讯的过程中，将模拟信号还原成数字信号的过程称为（　　）。

A. 调制　　B. 解调

C. 流量控制　　D. 差错控制

68. Internet 和 WWW 的关系是（　　）。

A. 都表示互联网，只是名称不同

B. WWW 是 Internet 上的一个应用功能

C. Internet 和 WWW 没有关系

D. WWW 是 Internet 上的一个协议

69. WWW 的作用是（　　）。

A. 信息浏览　　B. 文件传输

C. 收发电子邮件　　D. 远程登录

70. URL 的作用是（　　）。

A. 定位主机地址　　B. 定位网页地址

C. 域名与 IP 的子转换　　D. 表示电子邮件地址

71. 域名和 IP 地址之间的关系是（　　）。

A. 一个域名对应多个 IP 地址　　B. 一个 IP 地址对应多个域名

C. 域名与 IP 地址没有关系　　D. 一一对应

72. 域名系统 DNS 的作用是（　　）。

A. 存放主机域名　　B. 存放 IP 地址

C. 存放邮件地址　　D. 将域名转换成 IP 地址

73. 电子邮件使用的传输协议是（　　）。

A. SMTP　　B. Telnet

C. Http　　D. Ftp

74. 当你从 Internet 上获取邮件时，你的电子信箱设在（　　）。

A. 你的计算机上　　B. 发信给你的计算机上

C. 你的 ISP 服务器上　　D. 根本不存在电子信箱

75. 统一资源定位器 URL 的格式是（　　）。

A. 协议：//IP 地址或域名/路径/文件名

B. 协议：//路径/文件名

C. TCP/IP 协议

D. http 协议

76. 电子邮箱地址中没有（　　）。

A. 用户名　　B. 邮箱的主机域名

C. 用户密码　　D. @

77. 网络中使用的传输介质，抗干扰性能最好的是（　　）。

A. 双绞线　　B. 光缆

C. 细缆　　D. 粗缆

78. 关于电子邮件，下列说法中错误的是（　　）。

A. 发送电子邮件需要 e-mail 软件支持

B. 发件人必须有自己的 e-mail 账号

C. 收件人必须有自己的邮政编码

D. 必须知道收件人的 e-mail 地址

79. 计算机网络分局域网、城域网和广域网，（　　）属于局域网。

A. ChinaDDN 网　　B. Novell 网

C. Chinanet 网　　D. Internet

80. 调制解调器（Modem）的作用是（　　）。

A. 将计算机的数字信号转换成模拟信号，以便发送

B. 将模拟信号转换成计算机的数字信号，以便接收

C. 将计算机数字信号与模拟信号互相转换，以便传输

D. 为了上网与接电话两不误

81. 接入 Internet 的每一台主机都有唯一可识别的地址，称做（　　）。

A. URL　　B. TCP 地址

C. IP 地址　　D. 域名

82. 网络互联设备通常分成以下四种，在不同的网络间存储并转发分组，必要时可通过（　　）进行网络层上的协议转换。

A. 重发器　　B. 网卡

C. 协议转换器　　D. 桥接器

83. 以（　　）将网络划分为广域网（WAN）、城域网（MAN）和局域网（LAN）。

A. 接入的计算机多少　　B. 接入的计算机类型

C. 拓扑类型　　D. 地理范围

84. 调制解调器（Modem）是电话拨号上网的主要硬件设备，它的作用是（　　）。

A. 将计算机输出的数字信号调制成模拟信号，以便发送

B. 将输入的模拟信号解调成计算机的数字信号，以便接收

C. 将数字信号和模拟信号进行调制和解调，以便计算机发送和接收

D. 为了拨号上网时，上网和接收电话两不误

85. 计算机网络按其覆盖的范围，可划分为（　　）。

A. 以太网和移动通信网　　B. 电路交换网和分组交换网

C. 局域网、城域网和广域网　　D. 星形结构、环形结构和总线形结构

86. 如果要以电话拨号方式接入 INTERNET 网，则需要安装调制解调器和（　　）。

A. 浏览器软件　　B. 网卡

C. WINDOWS NT　　D. 解压卡

87. 目前网络传输介质中传输速率最高的是（　　）。

A. 双绞线　　B. 同轴电缆

C. 光缆　　D. 电话线

88. 与 Web 网站和 Web 页面密切相关的一个概念称“统一资源定位器”，它的英文

缩写是（　　）。

A. UPS　　B. USB

C. ULR　　D. URL

89. 下列各项中，不能作为域名的是（　　）。

A. www. cernet. edu. cn　　B. ftp. buaa. edu. cn

C. www. bit. edu. cn　　D. www. inu. edu. cn

90. 下列各项，不能作为 IP 地址的是（　　）。

A. 205. 93. 0. 1　　B. 202. 111. 8. 11

C. 112. 256. 23. 8　　D. 150. 225. 1. 18

91. 下列各项，不能作为 EDI 的作业方式的是（　　）。

A. 批作业方式　　B. 实时作业方式

C. 虚时作业方式　　D. 交互作业方式

92. EDI 应用系统的（　　）是 EDI 系统与 EDI 通信网的接口。

A. 报文生成和处理模块　　B. 格式转换模块

C. 通信模块　　D. 联系模块

93. 采用可扩充标识语言 XML，为 EDI 用户提供了在互联网上的解决方案的是（　　）。

A. 互联网 mail 方式　　B. Web – EDI 方式

C. 新的标准翻译方式　　D. XML/EDI 方式

94. 一个标准的 EDI 服务中心向用户提供的服务是（　　）。

A. 电子邮箱服务　　B. 增值服务

C. 安全服务　　D. 电子邮箱服务和增值服务

95. Internet 提供的最简便、快捷的通信工具是（　　）。

A. 文件传送　　B. 远程登录

C. 电子邮件（e-mail）　　D. WWW 网

96. 下列四项内容中，不属于 Internet（因特网）基本功能的是（　　）。

A. 电子邮件　　B. 文件传输

C. 远程登录　　D. 实时监测控制

97. 通信模块执行（　　）。

A. 呼叫、应答、自动转发、地址转换　　C. 报文传送

B. 合法性和完整性检查　　D. 以上都是

98. 有一域名为 bit. edu. cn，根据域名代码的规定，此域名表示（　　）。

A. 政府机关　　B. 商业组织

C. 军事部门　　D. 教育机构

99. WAN 是（　　）的英文缩写。

A. 因特网　　B. 城域网

C. 局域网　　D. 广域网

100. 下列域名中，属于网络支持中心的是（　　）。

A. ftp. bta. net. cn　　B. ftp. cnc. ac. cn

C. www. ioa. ac. cn　　D. www. pku. edu. cn

（二）判断题

1. 计算机网络最基本的功能是提高计算机的可靠性。(　　)

2. 按计算机网络的拓扑结构分类，可将计算机网络分为：广域网（WAN）、城域网（MAN）和局域网（LAN）。(　　)

3. 总线拓扑结构是一种共享通路的物理结构。这种结构中总线具有信息的双向传输功能，普遍用于局域网的连接，总线一般采用同轴电缆或双绞线。(　　)

4. 城域网的英文缩写是 WAN，因特网（Internet）是城域网。(　　)

5. 113. 256. 23. 6 是正确的 IP 地址。(　　)

6. 网卡是实现数字信号和模拟信号转换的设备。(　　)

7. 接入 Internet 的每一台主机都有唯一的可识别的地址，称做 TCP 地址。(　　)

8. 域名的实质就是用一组具有助记功能的英文简写名代替的 IP 地址。(　　)

9. 电子邮件的内容可以是任意书写的文本文件，也可以是图形、语音和其他媒体文件。一般 e-mail 地址的格式为：<用户标识>@<主机域名>。(　　)

10. 主机域名 MH. BIT. EDU. CN 中最高域是 MH。(　　)

11. 接入 Internet 的计算机必须共同遵守 PCT/IP 协议。(　　)

12. 因特网中电子邮件的地址格式 Wang@ nit. edu. cn 是正确的。(　　)

13. DNS 的中文含义是服务器系统。(　　)

14. 最早出现的计算机网是 Internet。(　　)

15. 根据 Internet 的域名代码规定，域名中的 . gov 表示商业组织的网站。(　　)

16. 一座办公大楼内各个办公室中的微机进行联网，这个网络属于 LAN。(　　)

17. Internet 实现了分布在世界各地的各类网络的互联，其最基础和核心的协议是 HTTP。(　　)

18. TCP 协议的主要功能是保证可靠的数据传输。(　　)

19. 一个标准的 EDI 服务中心向用户提供的服务是安全服务和增值服务两大类服务。(　　)

20. EDI 应用系统的功能模块由文件处理模块、格式转换模块、通信模块和联系模块组成。(　　)

（三）填空题

1. 计算机网络是计算机技术与________结合的产物。

2. www. sina. com. cn 不是 IP 地址，而是________。

3. 用户要想在网上查询 WWW 信息，必须安装并运行一个被称为________的软件。

4. EDI 中文叫________。

5. 中文 Windows 中自带的浏览器是________。

6. IP 地址由________________和________________两部分组成。

7. 在计算机网络术语中，WAN 的中文意义是________。

8. EDI 的作业方式有________________、________________和________________。

9. 光纤分成两大类：________和________。

10. 根据 Internet 的域名代码规定，域名中的. com 表示________机构网站，. gov 表示________机构网站，. edu 代表________机构网站。

11. 计算机网络是由________和________两个部分构成。

12. 根据网络的作用范围，计算机网络可分类为________、________、________；Novell 网属于________，Internet 网属于________。

13. 网络的主要拓扑结构有________、________、________、________等几种。

14. EDI 应用系统的功能模块由________模块、________模块、________模块和________模块组成。

15. 一个标准的 EDI 服务中心向用户提供________和________两大类服务。

16. XML/EDI 方式采用可扩充标识语言________，为 EDI 用户提供了在________上的解决方案。XML 可用来在________和________之间为贸易伙伴交换数据，而无须像原有系统那样对数据结构作预先描述。

17. 网络上的计算机彼此之间可以实现资源共享，资源共享包括________、________和________共享。

18. DNS 表示________。

19. 局域网的英文缩写为________，城域网的英文缩写为________，广域网的英文缩写为________。

20. 通信子网主要由________和________组成。

21. 计算机网络系统具有丰富的功能，其中最重要的功能是________和________。

22. TCP/IP 是互联网协议的总称，也是互联网的核心技术，TCP 代表________协议，IP 代表________协议。

23. ADSL 技术的中文名称为______________。

24. 有线拨号可以分为两种，一种是 PSTN，它的中文名称是____________，另一种是 ISDN，它的中文名称是____________。

25. IE 是____________的简称。

26. e-mail 的地址格式为 user@ mail - server - name，其中 user 是收件人的________，mail - server - name 是收件人的________，它可以是________，也可以是用十进制表示的________。

27. 连入 Internet 的方式主要分为________和________两类。

28. 标准化是实现 EDI 的________；国际标准化是 EDI 的________。

29. EDI 交互式作业采用________的方式来进行交换。

30. 通过 Internet 发送或接收电子邮件（e-mail）的首要条件是应该有一个电子邮件（e-mail）地址，它的正确形式为是________。

（四）问答题

1. 什么是计算机网络？计算机网络由什么组成？
2. 计算机网络的功能是什么？其中最主要的功能是什么？
3. 计算机网络按通信距离分为几类？这几类分别有什么特点？
4. 常用计算机网络的拓扑结构有哪几种？各自有哪些特点？

5. 什么是 TCP/IP 协议？TCP/IP 协议可分为哪几层？
6. 什么是 IP 地址？IP 分为几类？作用如何？
7. 什么是域名系统？举例说明一两个域名地址。
8. 什么是电子邮件？电子邮件地址由什么组成？
9. 通信子网与资源子网分别由哪些主要部分组成？其主要功能是什么？
10. 简述 ADSL 的申请流程。
11. 什么是调制解调器？
12. 如何利用搜索引擎查找信息？
13. 什么是 EDI？EDI 的作业方式有哪些？EDI 新的工作方式有哪些？
14. EDI 应用系统的功能模块由什么组成以及这些模块具体有哪些功能？
15. UN/EDIFACT 由什么组成？包括哪些内容？

（五）操作题

1. 把"计算机世界"网站的主页地址：http：//www. ccw. com. cn 定义作为起始页。
2. 如何在网易网站点上申请一个免费电子邮箱地址？
3. 某网站的主页地址为：http：//www. ccw. com. cn，打开此主页，浏览"网络通信"页面，并保存到指定文件夹下，命名为 wltx. txt。
4. 发送一个带附件的邮件。
5. 接收并阅读 ks@ 163. com 发来的电子邮件，并将邮件中的附件另存为到指定的文件夹中，命名为 yj. txt。

二、参考答案

（一）单项选择题

1. C。理由：计算机网络系统具有丰富的功能，其中最重要的是资源共享和数据传输。

2. C。理由：按网络的作用范围和计算机之间的相互距离，可将计算机网络分为局域网、广域网和城域网。

3. C。理由：计算机网络系统具有丰富的功能，其中最重要的是资源共享和数据（信息）传输。

4. C。理由：Chinanet 网是互联网，互联网属于广域网。

5. D。理由：常用的有线传输介质有双绞线、同轴电缆和光导纤维（光缆）；有线传输介质有无线电波。

6. A。理由：局域网的英文名称是 Local Area Network，缩写成 LAN。

7. C。理由：域名地址结构是：主机名. ……. 第二级域名. 第一级域名。

8. B。理由：调制解调器用于完成计算机的数字信号和电话线上的模拟信号之间的来回转换，即实现"调制"与"解调"的过程。

9. D。理由：计算机网络就是利用通信设备和通信线路按不同的拓扑结构将地理位置不同的、功能独立的多个计算机系统连接起来，按网络协议互相通信，在功能完善的网络软件控制下实现网络资源共享和信息交换的系统。

10. D。理由：TCP/IP 协议作为互联网的通信规则，它其实是一组协议的集合，包括传输协议 TCP、网际协议 IP 及其他一些协议如 UDP 等。

11. C。理由：URL 是统一资源定位器（Uniform Resource Locator）的英文缩写，互联网上的所有资源都是通过 URL 来访问的，其格式为：协议名：//域名/目录名/文件名，如 http：//www. micro. com/software/test. htm。

12. A。理由：一般 e-mail 地址的格式为：<用户标识>@<主机域名>（user@mail－server－name）。

13. D。理由：URL 是统一资源定位器（Uniform Resource Locator）的英文缩写，互联网上的所有资源都是通过 URL 来访问的，其格式为：协议名：//域名/目录名/文件名。

14. A。理由：互联网是连接全世界成千上万个计算机网络的国际性网络。它的英文名叫 Internet。

15. A。理由：由 IP 协议定义和处理的地址，称 IP 地址。它是一种数字型标识，用二进制数表示，共 4 个字节，即 32 位数。书写或用键盘输入时则以小数点分段的十进制数表示，共包含 4 个小段，每一小段内的数字就是 IP 地址中一个字节的二进制数对应的十进制数，取值范围为 0～255。

16. B。理由：由 IP 协议定义和处理的地址，称 IP 地址。它是一种数字型标识，用二进制数表示，共 4 个字节，即 32 位数。

17. A。理由：域名地址结构是：主机名．……．第二级域名．第一级域名。

18. B。理由：目前最流行的浏览器是 Microsoft 公司的 Internet Explorer（简称 IE）和 Netscape 公司的 Navigator。IE 6. 0 是 Internet Explore 6. 0 的英文缩写。

19. D。理由：DNS 是域名系统（Domain Name System）的英文缩写。

20. C。理由：ISDN 是综合业务数字网（Integrated Services Digital Network）的英文缩写。

21. B。理由：Web 是用超文本标记语言 HTML（Hypertext Mark－up Language）来编写，扩展名是 htm 或 html。

22. A。理由：URL 是统一资源定位器（Uniform Resource Locator）的英文缩写。

23. B。理由：邮件接收服务器是 POP3，发送邮件服务器是 SMTP。

24. B。理由：使用 PSTN 上网的用户计算机必须通过一个调制解调器（MODEM）与电话线连接。

25. C。理由：WWW 执行超文本传输协议 HTTP、使用超文本标记语言 HTML 和统一资源定位器 URL，把遍布世界各地的 Web 服务器存放的多媒体信息巧妙地链接起来，方便用户浏览。互联网上的所有资源都是通过 URL 来访问的，其格式为：协议名：//域名/目录名/文件名。

26. B。理由：网络拓扑结构主要有总线、星型、环型和网状型等几种。

27. C。理由：1969 年建成了一个名为 Arpanet 的试验性网络，连接了犹他大学、斯坦福大学、加利福尼亚大学洛杉矶分校和圣巴巴拉分校等 4 个节点。这是世界上第一个计算机通信网络。

28. B。理由：com 表示商业机构。

29. A。理由：一般 e-mail 地址的格式为：<用户标识>@<主机域名>（user@mail－server－name）。

30. B。理由：局域网一般是指在几米到 10 千米范围内。适合同一建筑物内、校园内、厂区内的计算机组成的网络。

31. B。理由：双绞线的传输速率是 10Mbps 到 600Mbps，光缆传输的距离也比电缆远，传输速率高。

32. D。理由：目前最流行的浏览器是 Microsoft 公司的 Internet Explorer（简称 IE）和 Netscape 公司的 Navigator。

33. C。理由：com 表示商业机构。

34. B。理由：一般 e-mail 地址的格式为：<用户标识>@<主机域名>（user@mail－server－name）。

35. A。理由：WWW 执行超文本传输协议 HTTP。

36. A。理由：TCP/IP 协议作为互联网的通信规则，它其实是一组协议的集合，包括传输协议 TCP、网际协议 IP 及其他一些协议如 UDP 等。

37. A。理由：GOV 表示国家政府部门。

38. A。理由：远程登录（Telnet）是一台主机的因特网用户使用另一台主机的登录账号和口令与该主机实现连接，作为它的一个远程终端使用该主机的资源的服务。

39. C。理由：TCP/IP 协议作为互联网的通信规则，它其实是一组协议的集合，它包括传输控制协议 TCP（Transmission Control Protocol）、网际协议 IP（Internet Protocol）及其他一些协议（如 UDP 等）。

40. B。理由：使用局域网上网方式的个人计算机只需在主板上插一个网络适配器（Network Adapter），也叫网卡，通过双绞线或同轴电缆接到局域网的交换机或集线器的端口上。

41. C。理由：发件人和收件人均必须有 e-mail 账号。

42. C。理由：gov 表示政府部门。

43. D。理由：TCP/IP 协议作为互联网的通信规则。

44. A。理由：e-mail 地址的格式为：<用户标识>@<主机域名>。

45. C。理由：edu 表示教育机构。

46. D。理由：edu 表示教育机构。

47. B。理由：URL 是统一资源定位器（Uniform Resource Locator）的英文缩写，互联网上的所有资源都是通过 URL 来访问的，其格式为：协议名：//域名/目录名/文件名。

48. C。理由：域名地址的结构是：主机名.…….第二级域名.第一级域名。

49. D。理由：电子邮件的内容可以是任意书写的文本文件，也可以是图形、语音和其他媒体文件。

50. B。理由：bps 表示每秒传输的二进制位数。

51. A。理由：局域网一般是指在几米到 10 千米范围内。

52. B。理由：telnet 是远程登录所使用的命令。

53. B。理由：TCP 协议用于传送来自应用层的数据，保证数据传输的可靠性，作用于模型的传输层。

54．C。理由：TCP/IP 协议作为互联网的通信规则。

55．C。理由：计算机网络是计算机技术和通信技术紧密结合的产物。

56．B。理由：计算机网络系统具有丰富的功能，其中最重要的是资源共享和数据传输。

57．B。理由：CERNET 是中国教育和科研计算机网。

58．C。理由：www 是服务器域名。

59．C。理由：发送邮件服务器的域名或 IP 必须与接收邮件服务器相同。

60．D。理由：网络覆盖的地理范围（距离）进行分类，可将计算机网络分为广域网（WAN）、城域网（MAN）和局域网（LAN）。

61．B。理由：使用 PSTN 上网的用户计算机必须通过一个调制解调器（MODEM）与电话线连接。

62．D。理由：在 Internet Explorer 中打开网站和网页的方法可以利用地址栏、浏览器栏或链接栏。

63．A。理由：在 Outlook Express 中进行的操作可以是接收、阅读、回复、转发邮件。

64．C。理由：计算机网络就是利用通信设备和通信线路按不同的拓扑结构将地理位置不同的、功能独立的多个计算机系统连接起来，按网络协议互相通信，在功能完善的网络软件（如通信协议、网络操作系统及网络服务程序等）控制下实现网络资源共享（硬件、软件和数据等）和信息交换的系统。

65．B。理由：使用局域网上网方式的个人计算机只需在主板上插一个网络适配器（Network Adapter），也叫网卡，通过双绞线或同轴电缆接到局域网的交换机或集线器的端口上。

66．B。理由：由 IP 协议定义和处理的地址，称 IP 地址。它是一种数字型标识，用二进制数表示，共 4 个字节，即 32 位数。书写或用键盘输入时则以小数点分段的十进制数表示，共包含 4 个小段，每一小段内的数字就是 IP 地址中一个字节的二进制数对应的十进制数，取值范围为 0～255。

67．B。理由：解调是将模拟信号还原成数字信号。

68．B。理由：信息浏览（WWW）是互联网（Internet）最基本的应用。

69．A。理由：WWW（World Wide Web）是互联网上最流行的信息浏览服务程序，是一个分布式的超媒体系统。

70．B。理由：URL 是统一资源定位器（Uniform Resource Locator）的英文缩写，互联网上的所有资源都是通过 URL 来访问的，用来定位网页地址。

71．D。理由：数字形式的 IP 地址人们难以记忆，为此互联网制定了另一套命名机制，称为域名系统（Domain Name System）。域名的实质就是用一组具有助记功能的英文简写名代替的 IP 地址。

72．D。理由：域名的实质就是用一组具有助记功能的英文简写名代替的 IP 地址。

73．A。理由：电子邮件服务系统采用“存储转发”的方式为用户提供电子邮件服务，使用邮局协议 POP3（Post Office Protocol）和简单邮件传输协议 SMTP（Simple Mail Transfer Protocol）来接收、发送和传递用户的电子邮件。

74．C。理由：在互联网上的互联网服务供应商 ISP（Internet Service Provider）都会

向注册的用户提供电子邮件服务。

75. A。理由：URL 是统一资源定位器（Uniform Resource Locator）的英文缩写，互联网上的所有资源都是通过 URL 来访问的，其格式为：协议名：//域名/目录名/文件名。

76. C。理由：e-mail 地址的格式为：<用户标识>@<主机域名>（user@ mail – server – name）。

77. B。理由：光缆的优点是不会受到电磁的干扰，传输的距离也比电缆远，传输速率高。

78. C。理由：收件人不必需有自己的邮政编码。

79. B。理由：局域网一般是指在几米到 10 千米范围内。信道传输速率高（10Mbps ~1 000Mbps），结构简单，成本低，布线容易。适合同一建筑物内、校园内、厂区内的计算机组成的网络。

80. C。理由：调制解调器用于完成计算机的数字信号和电话线上的模拟信号之间的来回转换，即实现“调制”与“解调”的过程。

81. C。理由：互联网上的所有计算机在 TCP/IP 协议中均称为主机。为了保证全网的正确通信，互联网为联网的每台主机分配了唯一的地址。由 IP 协议定义和处理的地址，称 IP 地址。它是一种数字型标识，用二进制数表示，共 4 个字节，即 32 位数。书写或用键盘输入时则以小数点分段的十进制数表示，共包含 4 个小段，每一小段内的数字就是 IP 地址中一个字节的二进制数对应的十进制数，取值范围为 0 ~255。

82. B。理由：局域网上网通常是指个人计算机接入单位的计算机局域网，通过局域网使用专用线路（如 DDN、ADSL、CHINAPAC 等）和专用设备（如路由器、交换机等）接入互联网。使用这种上网方式的个人计算机只需在主板上插一个网络适配器（Network Adapter），也叫网卡，通过双绞线或同轴电缆接到局域网的交换机或集线器的端口上。

83. D。理由：按网络覆盖的地理范围（距离）进行分类，可将计算机网络分为广域网（WAN）、城域网（MAN）和局域网（LAN）。

84. C。理由：调制解调器用于完成计算机的数字信号和电话线上的模拟信号之间的来回转换，即实现“调制”与“解调”的过程。

85. C。理由：按网络覆盖的地理范围（距离）进行分类，可将计算机网络分为：广域网（WAN）、城域网（MAN）和局域网（LAN）。

86. A。理由：想要使用 WWW，用户的计算机还必须安装一个浏览 WWW 的用户程序，通常称为浏览器，也就是说必须安装浏览器软件。用户上网时通过浏览器把网页下载到客户的计算机并显示出来。

87. C。理由：光缆的优点是不会受到电磁的干扰，传输的距离也比电缆远，传输速率高。

88. D。理由：URL 是统一资源定位器（Uniform Resource Locator）的英文缩写，互联网上的所有资源都是通过 URL 来访问的，其格式为：协议名：//域名/目录名/文件名。

89. C。理由：由域名系统定义的地址称为域名地址。互联网的域名系统是一种层次式的命名机制，一个域名由若干个子域名构成，子域名之间用圆点隔开，一般来说，最右边的子域名是顶级子域名（国家或地区代码），其中顶级子域名由两个英文字母组成，表示一个国家或地区。其结构是：主机名.…….第二级域名.第一级域名。

90. C。理由：互联网上的所有计算机在 TCP/IP 协议中均称为主机。为了保证全网的正确通信，互联网为联网的每台主机分配了唯一的地址。由 IP 协议定义和处理的地址，称 IP 地址。它是一种数字型标识，用二进制数表示，共 4 个字节，即 32 位数。书写或用键盘输入时则以小数点分段的十进制数表示，共包含 4 个小段，每一小段内的数字就是 IP 地址中一个字节的二进制数对应的十进制数，取值范围为 0 ~ 255。

91. C。理由：作为 EDI 的作业方式是批作业方式、实时作业方式、交互作业方式。

92. C。理由：通信模块是 EDI 系统与 EDI 通信网的接口，主要功能是执行呼叫、应答、合法性和完整性检查及报文传送等。

93. D。理由：XML/EDI 方式。此种方式采用可扩充标识语言 XML，为 EDI 用户提供了在互联网上的解决方案。

94. D。理由：一个标准的 EDI 服务中心向用户提供电子邮箱服务和增值服务两大类服务。

95. C。理由：电子邮件 e-mail（electronic-mail）是人们在互联网上以电子方式进行通信的现代化通信工具。电子邮件具有方便、快捷、价廉等优点，它不受时间和空间的限制，用户只要联结上互联网，便可以在任何时间、任何地点发送和阅读邮件。

96. D。理由：Internet（因特网）基本功能有电子邮件、文件传输、远程登录、万维网交互式信息浏览。

97. D。理由：通信模块是 EDI 系统与 EDI 通信网的接口，主要功能是执行呼叫、应答、合法性和完整性检查及报文传送等。

98. D。理由：edu 表示教育机构。

99. D。理由：WAN 是广域网 WAN（Wide Area Network）的英文缩写。

100. A。理由：net 表示网络支持中心。

（二）判断题

1. 错误。理由：计算机网络的最主要功能是向用户提供资源的共享，而用户本身无须考虑自己以及所用资源在网络中的位置。网络上的计算机彼此之间可以实现资源共享，包括硬件、软件和数据。

2. 错误。理由：按网络覆盖的地理范围（距离）进行分类，可将计算机网络分为：广域网（WAN）、城域网（MAN）和局域网（LAN）。按计算机网络的拓扑结构分类主要有总线型、星型、环型和网状型等几种。

3. 正确。理由：总线拓扑结构是一种共享通路的物理结构。这种结构中总线具有信息的双向传输功能，普遍用于局域网的连接，总线一般采用同轴电缆或双绞线。

4. 错误。理由：WAN 是广域网的英文缩写，因特网（Internet）是广域网。

5. 错误。理由：IP 地址是一种数字型标识，用二进制数表示，共 4 个字节，即 32 位数。书写或用键盘输入时则以小数点分段的十进制数表示，共包含 4 个小段，每一小段内的数字就是 IP 地址中一个字节的二进制数对应的十进制数，取值范围为 0 ~ 255。113. 256. 23. 6 其中 256 超过 255 的范围。

6. 错误。理由：调制解调器用于完成计算机的数字信号和电话线上的模拟信号之间的来回转换，即实现“调制”与“解调”的过程。调制解调器是实现数字信号和模拟信号转换的设备。

7. 错误。理由：接入 Internet 的每一台主机都有唯一的可识别的地址，称做 IP 地址。

8. 正确。理由：域名的实质就是用一组具有助记功能的英文简写名代替的 IP 地址。

9. 正确。理由：电子邮件的内容可以是任意书写的文本文件，也可以是图形、语音和其他媒体文件。一般 e-mail 地址的格式为：<用户标识>@<主机域名>。

10. 错误。理由：域名地址结构是：主机名．……．第二级域名．第一级域名。主机域名 MH. BIT. EDU. CN 中最高域是 CN。

11. 错误。理由：TCP/IP 协议作为互联网的通信规则。正确的是 TCP/IP 协议。

12. 正确。理由：一般 e-mail 地址的格式为：<用户标识>@<主机域名>（user@mail－server－name）。

13. 错误。理由：DNS 是域名系统（Domain Name System）的英文缩写。

14. 错误。理由：1969 年建成了一个名为 Arpanet 的试验性网络，连接了犹他大学、斯坦福大学、加利福尼亚大学洛杉矶分校和圣巴巴拉分校等 4 个节点。这是世界上第一个计算机通信网络。正确是最早出现的计算机网是 Arpanet。

15. 错误。理由：com 表示商业机构，gov 表示政府机关。

16. 正确。理由：LAN 是局域网 LAN（Local Area Network）的英文缩写。局域网一般是指在几米到 10 千米范围内。适合同一建筑物内、校园内、厂区内的计算机组成的网络。

17. 错误。理由：TCP/IP 协议作为互联网的通信规则，它是 Internet 最基础和核心的协议。

18. 正确。理由：TCP 协议用于传送来自应用层的数据，保证数据传输的可靠性，作用于模型的传输层。

19. 错误。理由：一个标准的 EDI 服务中心向用户提供电子邮箱服务和增值服务两大类服务。

20. 错误。理由：EDI 应用系统的功能模块由报文生成和处理模块、格式转换模块、通信模块和联系模块组成。

（三）填空题

1. 通信技术。理由：计算机网络是计算机技术和通信技术紧密结合的产物。

2. 域名。理由：域名的格式为主机名．……．第二级域名．第一级域名。而 IP 地址是一种数字型标识。

3. 浏览器。理由：想要使用 WWW，用户的计算机还必须安装一个浏览 WWW 的用户程序，通常称为浏览器。

4. 电子数据交换。理由：EDI（Electronic Data Interchange），中文叫电子数据交换。

5. Internet Explorer。理由：中文 Windows 中自带的浏览器是 Internet Explorer。

6. 网络标识符 主机标识符。理由：一台主机的 IP 地址由网络号和主机号两部分组成。

7. 广域网。理由：WAN 是广域网（Wide Area Network）的英文缩写。

8. 批作业方式 实时作业方式 交互作业方式。理由：EDI 的作业方式有批作业方式、实时作业方式和交互作业方式。

9. 单模光纤　多模光纤。理由：光缆分为单模光缆和多模光缆。

10. 商业　政府　教育。理由：com 表示商业机构，gov 表示政府部门，而 edu 表示教育机构。

11. 资源子网　通信子网。理由：一个计算机网络是由资源子网和通信子网两个部分构成。

12. 局域网　城域网　广域网　局域网　广域网。理由：按网络的作用范围和计算机之间的相互距离，可将计算机网络分为局域网、城域网和广域网。局域网一般是指在几米到 10 千米范围内，适合同一建筑物内、校园内、厂区内的计算机组成的网络，广域网也叫远程网络，广域网范围很广，可以分布在一个省内、一个国家或几个国家，因特网（Internet）是最大的广域网；城域网是一种介于局域网与广域网之间的高速网。

13. 总线型　星型　环型　网状型。理由：网络拓扑结构主要有总线型、星型、环型和网状型。

14. 报文生成和处理　格式转换　通信　联系。理由：EDI 应用系统的功能模块由报文生成和处理模块、格式转换模块、通信模块和联系模块组成。

15. 电子邮箱服务　增值服务。理由：一个标准的 EDI 服务中心向用户提供电子邮箱服务和增值服务两大类服务。

16. XML　互联网　Web 服务器　浏览器。理由：XML/EDI 方式采用可扩充标识语言 XML，为 EDI 用户提供了在互联网上的解决方案。XML 可用来在 Web 服务器和浏览器之间为贸易伙伴交换数据，而无须像原有系统那样对数据结构作预先描述。

17. 硬件　软件　数据。理由：网络上的计算机彼此之间可以实现资源共享，包括硬件、软件和数据。

18. 域名系统。理由：DNS 是域名系统（Domain Name System）的英文缩写。

19. LAN　MAN　WAN。理由：局域网 LAN（Local Area Network）、城域网 MAN（Metropolitn Area Network）、广域网 WAN（Wide Area Network）。

20. 网络节点　通信链路。理由：通信子网主要由网络节点和通信链路组成。

21. 资源共享　数据传输。理由：计算机网络系统具有丰富的功能，如资源共享、数据通信能力（数据传输）、均衡负荷互相协作、实现分布式处理、提高计算机的可靠性。其中最重要的是资源共享和数据传输。

22. 传输控制　网际。理由：TCP/IP 协议作为互联网的通信规则，它其实是一组协议的集合，它包括传输控制协议 TCP（Transmission Control Protocol）、网际协议 IP（Internet Protocol）及其他一些协议（如 UDP 等）。

23. 非对称数字用户专线。理由：ADSL 是非对称数字用户专线的简称，所谓非对称是指上行和下行使用不同的速率，一般上行（对外传输）数据速率为 640Kbps，而下行（接收数据）速率最高可达 8Mbps。

24. 公用电话交换网　综合业务数字网。理由：有线拨号可以分为两种，一种是公用电话交换网 PSTN（Public Switched Telephone Network），另一种是综合业务数字网 ISDN（Integrated Services Digital Network）。

25. Internet Explorer。理由：IE 是 Intrenet Explorer 的简称。

26. 账号　e-mail 服务器名（或服务器地址）　域名　IP 地址。理由：一般 e-mail 地址的格式为：<用户标识>@<主机域名>（user@ mail - server - name），其中用户标识（user）是收件人的账号，主机域名（mail - server - name）是收件人账号所在的 POP3 服务器地址，它可以是域名，也可以是用十进制表示的 IP 地址。

27. 拨号　专线。理由：通常与 ISP 实现连接的方式有两种：拨号方式和专线方式。

28. 关键　根本特征。理由：标准化是实现 EDI 的关键；国际标准化是 EDI 的根本特征。

29. 访问/应答。理由：交互式作业是指 EDI 系统之间的用户数据在对话方式下，以访问/应答的方式来进行交换。

30. <用户标识>@<主机域名>。理由：一般 e-mail 地址的格式为：<用户标识>@<主机域名>（user@ mail - server - name）。

（四）问答题

1. 答：计算机网络就是利用通信设备和通信线路按不同的拓扑结构将地理位置不同的、功能独立的多个计算机系统连接起来，按网络协议互相通信，在功能完善的网络软件（如通信协议、网络操作系统及网络服务程序等）控制下实现网络资源共享（硬件、软件和数据等）和信息交换的系统。

从逻辑功能上看，一个计算机网络是由资源子网和通信子网两个部分构成。

2. 答：计算机网络的功能有资源共享（硬件、软件和数据共享）、数据通信能力（数据传输）、均衡负荷互相协作、实现分布式处理和提高计算机的可靠性。其中最重要的是资源共享和数据传输。

3. 答：计算机网络按通信距离分三类。其分别为局域网 LAN（Local Area Network）、广域网 WAN（Wide Area Network）和城域网 MAN（Metropolitn Area Network）。

局域网一般是指在几米到 10 千米范围内。信道传输速率高（10 ~ 1 000Mbps），结构简单，成本低，布线容易。适合同一建筑物内、校园内、厂区内的计算机组成的网络。

广域网也叫远程网络，覆盖地理范围比局域网要大得多，可从几十千米到几千千米。广域网范围很广，可以分布在一个省内、一个国家或几个国家。广域网信道传输速率较低，一般在 96Kbps ~ 45Mbps 左右，结构比较复杂。如因特网（Internet）是最大的广域网，它连接了各大洲的数百万台计算机。

城域网是一种介于局域网和广域网之间的高速网络，覆盖地理范围介于局域网和广域网之间，一般为几千米到几十千米，传输速率一般在 50Mbps 左右。其用户多为需要在市内进行高速通信的较大单位或公司等。目前，我国许多城市正在建设城域网。

4. 答：常用计算机网络的拓扑结构有总线型、星型、环型和网状型等几种。

总线型拓扑结构的优点是：安装容易，扩充或删除一个节点很容易，不需停止网络的正常工作，节点的故障不会殃及系统。由于各个节点共用一个总线作为数据通路，信道的利用率高。但总线结构也有其缺点：由于信道共享，连接的节点不宜过多，并且总线自身的故障可以导致系统的崩溃。

星型拓扑结构的特点是：安装容易，结构简单，费用低，通常以集线器（Hub）作为中央节点，便于维护和管理。中央节点的正常运行对网络系统来说是至关重要的。

环型拓扑结构的优点是：安装容易，费用较低，电缆故障容易查找和排除。有些网络系统为了提高通信效率和可靠性，采用了双环结构，即在原有的单环上再套一个环，使每个节点都具有两个接收通道。环型网络的弱点是：当节点发生故障时，整个网络就不能正常工作。

网状型拓扑结构的优点：节点间路径多，可减少碰撞和阻塞；可靠性高，局部的故障不会影响整个网络的正常工作；网络扩充和主机入网比较灵活、简单。缺点是：网络机制复杂，建网不易。主要用在网络结构复杂、对可靠性和传输速率要求较高的大型网络中，如互联网等，在局域网络中很少使用。

5. 答：TCP/IP 协议作为互联网的通信规则，它其实是一组协议的集合，它包括传输控制协议 TCP（Transmission Control Protocol）、网际协议 IP（Internet Protocol）及其他一些协议（如 UDP 等）。与其他网络协议一样，TCP/IP 协议也具有分层的模型，即可分为应用层、传输层、网络层和网络接口层。

6. 答：由 IP 协议定义和处理的地址，称做 IP 地址。它是一种数字型标识，用二进制数表示，共 4 个字节，即 32 位数。书写或用键盘输入时则以小数点分段的十进制数表示，共包含 4 个小段，每一小段内的数字就是 IP 地址中一个字节的二进制数对应的十进制数，取值范围为 0 ~ 255。例如，某一主机的 IP 地址为：

11010010　00100110　00110000　11001001 对应的十进制数表示为：210. 38. 48. 201。

为了充分利用 IP 地址空间，考虑不同规模网络使用的需要，IP 地址分为 A 类、B 类、C 类、D 类和 E 类五种。A 类地址用于大型网络，地址的取值范围是 1. 0. 0. 1 ~ 126. 255. 255. 254；B 类地址用于中型网络，地址的取值范围是 128. 0. 0. 1 ~ 191. 255. 255. 254；C 类地址用于小型网络，地址的取值范围是 192. 0. 0. 1 ~ 223. 255. 255. 254；D 类和 E 类地址用途较为特殊，对普通用户用处不大。

7. 答：数字形式的 IP 地址人们难以记忆，为此互联网制定了另一套命名机制，称为域名系统（Domain Name System）。域名的实质就是用一组具有助记功能的英文简写名代替的 IP 地址。域名地址的结构：主机名．……．第二级域名．第一级域名。如 www. cnnic. net. cn、www. china. com。

8. 答：电子邮件 e-mail（electronic-mail）是人们在互联网上以电子方式进行通信的现代化通信工具。在互联网上的互联网服务供应商 ISP（Internet Service Provider）都会向注册的用户提供电子邮件服务。电子邮件服务系统采用“存储转发”的方式为用户提供电子邮件服务，使用邮局协议 POP3（Post Office Protocol）和简单邮件传输协议 SMTP（Simple Mail Transfer Protocol）来接收和发送、传递用户的电子邮件。

一般 e-mail 地址的格式为：＜用户标识＞@＜主机域名＞（user@ mail - server - name）其中用户标识（user）是收件人的账号，主机域名（mail - server - name）是收件人账号所在的 POP3 服务器地址，@是英文 at 的表示。地址中间不能有空格或逗号，如：luning@ bfa. edu. cn。

9. 答：资源子网由提供资源的主机 HOST 和请求资源的终端 T 组成，主要完成信息的收集、存储和处理，负责全网的数据处理和向用户提供网络资源及服务。通信子网主要由网络节点和通信链路组成，它是计算机网络的内层，负责计算机之间的通信与信息传输，完成对通信的控制和管理。

10．答：ADSL 的申请流程：

第一步：申请。用户拨打电信客户服务电话 10000，或去附近的电信营业厅填写表单。

第二步：查询是否能够安装。用户将接到电信给您的电话通知，告知您是否能安装。

第三步：收费若符合安装条件，用户凭用户标识号（ad 号），带上电话机主身份证（护照）到用户所属电信区局的任意营业厅付费（或在家等待上门收费并安装）。

第四步：安装交费后 14 天内（一般为 4 天左右）上门安装。

11．答：调制解调器用于完成计算机的数字信号和电话线上的模拟信号之间的来回转换，即实现“调制”与“解调”的过程。把这两种功能结合在一起的设备称为调制解调器。

12．答：很多网站都有搜索引擎，可以利用其进行信息搜索。下面介绍一些常用的信息检索方法，以提高信息检索效率。

（1）利用 IE 的新检索功能。

Internet Exproler 的最新搜索工具简化了搜索过程。具体操作如下：

单击工具栏中的“搜索”按钮，Internet Exproler 将浏览器窗口分为左右两部分，左窗格为搜索栏，右窗格仍正常显示 Web 页的内容。

在 IE 搜索窗格的文本框中键入关键字（图例中为“电子商务”），单击“检索”按钮开始检索。窗格中显示了 1 ~20 个相关的网页地址。单击其中的一个，就可在右窗格中显示该 Web 页的内容。IE 的新功能不仅可以在右窗格中显示网页内容，而且还不会丢失左窗格检索得到的结果。

（2）常用的搜索引擎。

很多网站都有搜索引擎，如新浪（www. sina. com）、搜狐（www. sohu. com）、雅虎（www. yahoo. com）、百度（www. baidu. com）、金山毒霸（www. duba. net）、www. 3721. com 和 www. google. com 等。使用类似 IE 的搜索方法搜索信息，为了缩小检索范围，可以使用各搜索引擎提供的高级搜索功能。搜索引擎的基本功能和使用方法大致相同。要注意的是，不同搜索网站的数据库中的数据不一样，分类结构不同，故在一个搜索网站找不到或不易找到的网站，可能很容易在另一个搜索引擎上找到。因此一般不固定使用某一个搜索引擎，而是配合使用。

13．答：国际标准化组织（ISO）对 EDI 的定义是：将商业或行政事务处理（Transaction），按照一个公认的标准，形成结构化的事务处理或报文（Message）数据格式，从计算机到计算机的数据传输方法。EDI 的作业方式有批作业方式、实时作业方式和交互作业方式。EDI 新的工作方式有互联网 mail 方式、Web - EDI 方式、新的标准翻译方式和 XML/EDI 方式。

14．答：EDI 应用系统的功能模块由报文生成和处理模块、格式转换模块、通信模块和联系模块组成。

（1）报文生成和处理模块。

报文生成和处理模块的作用有两个方面，第一是接受来自用户联系接口和其他信息系统或数据库联系接口模块的命令和信息，按照 EDI 标准生成各种 EDI 报文和单证，经格式转换模块处理之后，提交给通信模块，经 EDI 通信网转发给其他 EDI 系统的用户。第二个作用是经通信模块将接收到的来自其他 EDI 系统的 EDI 报文进行自动处理。

（2）格式转换模块。

格式转换模块将各种 EDI 报文，按照 EDI 结构化的要求，作结构化的处理，提交给通信模块再发送给其他 EDI 系统的用户；或者将其他 EDI 系统经通信模块所接收到的结构化的 EDI 报文，作非结构化的处理，以便信息系统或数据库管理系统作进一步处理。

（3）通信模块。

通信模块是 EDI 系统与 EDI 通信网的接口，主要功能是执行呼叫、应答、合法性和完整性检查及报文传送等。

（4）联系模块。

该模块的主要功能是为 EDI 用户提供良好的接口和人机界面，同时也是 EDI 系统与企业内部其他信息系统进行信息交换的纽带。

15. 答：UN/EDIFACT 标准由规则、指南和目录组成，它包括以下内容：

EDIFACT 应用级语法规则（ISO 9735）

EDIFACT 语法实施指南

EDIFACT 报文设计规则和指南

EDIFACT 数据元目录（ISO 7372）

EDIFACT 复合数据元目录

EDIFACT 段目录

EDIFACT 代码表目录

EDIFACT 标准报文目录

（五）操作题

1. 把“计算机世界”网站的主页地址：http：//www. ccw. com. cn 定义作为起始页。

操作步骤：

（1）在链接的情况下，转到希望在启动 IE 时第一次显示的 Web 页上。如 http：//www. ccw. com. cn。

（2）单击“工具”下拉菜单中的“Internet 选项”命令，打开“Internet 选项”对话框。

（3）单击“常规”标签，打开“常规”选项卡。

（4）在“主页”中，单击“使用当前页”按钮。此时，在地址框中填入当前 Web 页的地址。如填入 http：//www. ccw. com. cn，就可以将计算机世界主页作为起始主页。

（5）单击“确定”按钮，关闭“Internet 选项”对话框，完成更改。

2. 如何在网易站点上申请一个免费电子邮箱地址？

下面以在 163 网站中申请免费信箱为例，详细介绍网上免费信箱的申请过程。

（1）进入提供免费电子信箱 163 的网站，其网址为 http：//www. 163. com。根据网页内容的提示，进入“申请免费电子信箱”网页。

（2）按要求填写注册步骤：①确认服务条款→②选择用户名→③填写个人资料→④注册成功。

注意：所添入的用户名是你的电子邮件地址，比如在用户名文本框中输入“0531lin”，那么你的信箱地址是 0531lin@ 163. com。

（3）填写完相关信息后，单击“提交表单”按钮。信箱申请成功，网站会通知恭喜您：您已成功注册网易通行证！您的免费邮箱地址为：0531lin@163.com。

回到163网站，在用户名栏中填入申请信箱时起的用户名，在“口令”栏中输入你在申请时设置的密码，单击“登录邮箱”按钮。就进入你的电子邮箱，可以进行电子邮件的收发。

3．某网站的主页地址为：http：//www.ccw.com.cn，打开此主页，浏览“网络通信”页面，并保存到指定文件夹下，命名为wltx.txt。

操作步骤：

（1）启动IE浏览器。单击“开始”→“程序”→“Internet Explore”，即可启动IE。

（2）在地址栏中输入网络地址http：//www.ccw.com.cn打开网页，找到“网络通信”页面，进行浏览。

（3）单击“文件”下拉菜单中的“另存为”命令；打开“另存为”对话框，选择要保存文件的盘符和文件夹；在保存类型框中，选择“文本文件”一类；在文件名框中输入文件名wltx.txt。

（4）单击“保存”。

4．发送一个带附件的邮件。

操作步骤：

（1）启动“Outlook Express”。

（2）单击“新邮件”按钮，出现“新邮件”窗口。

（3）将插入点光标移到信体部分，键入邮件内容。

（4）单击“附加”按钮，打开“插入附件”对话框，选定要插入的文件，然后再单击“附加”按钮。

（5）单击“发送”按钮。

5．接收并阅读ks@163.com发来的电子邮件，并将邮件中的附件另存到指定的文件夹中，命名为yj.txt。

具体操作如下：

（1）启动“Outlook Express”。

（2）单击“Outlook Express”中的菜单中的“发送和接收”，点击接收全部邮件“Outlook Express”就会登录邮件服务器，查询并接收邮件。

（3）接收下来的邮件放在“收件箱”文件夹中，在文件窗口中双击选定邮件，即可在下面的窗口中阅读邮件了。

（4）单击“文件”下拉菜单中的“另存为”命令；打开“另存为”对话框，选择要保存文件的盘符和文件夹；在保存类型框中，选择“文本文件”一类；在文件名框中输入文件名yj.txt。

（5）单击“保存”。

第三章
网上寻找和发布商机

一、练习题

(一) 单项选择题

1. 在商务活动的现场推介产品工作中，信息交流主要依靠（　　）进行。
   A. 语言媒介　　B. 文字印刷媒介
   C. 电子媒介　　D. 网络媒介
2. 下列信息交流方式中，(　　) 受时间和空间的制约作用最大。
   A. 电子交流　　B. 文字印刷交流
   C. 口头交流　　D. 网络交流
3. 下列信息交流媒介中，(　　) 便于受众对信息进行长期保留。
   A. 电话　　B. 口头
   C. 报纸杂志　　D. 电视
4. 下列信息传播方式中，(　　) 能将声音、图形、色彩、动作组合起来进行传播。
   A. 广播　　B. 电话
   C. 报纸杂志　　D. 网络
5. 下列信息传播方式中，(　　) 传播范围最广。
   A. 网络　　B. 广播
   C. 报纸杂志　　D. 电视

6. 你毕业后创办了一微型个体企业，通过为国外订单加工产品而获利，第一年获利5万元，现希望进一步拓展美国市场，让更多的美国客商向你订货，你认为选择（　　）发布信息比较合适。
   A. 在美国之音广播电台上做一个月广告
   B. 在美国华盛顿邮报上做一年广告
   C. 在美国纽约电视台做一个月广告
   D. 在阿里巴巴网站上建立自己公司的业务档案
7. ISP 的主要职能是（　　）。
   A. 为需要上网的用户提供接入因特网的服务
   B. 为一般老百姓提供网络信息浏览的服务

C. 为一般老百姓提供网络信息搜索、整理、加工的服务

D. 为需要上网的用户提供建网站、管理维护网站的服务

8. 大名鼎鼎的国内三大门户网站网易、新浪、搜狐属于信息增值服务层中的(　　)。

A. ICP　　B. ISP

C. ASP　　D. POP

9. 对网络信息采集所要求的经济性的理解，以下（　　）最准确完整。

A. 在采集信息时只用免费信息，不用收费信息

B. 以尽可能低的费用获取所需的信息

C. 以尽可能低的费用获取所需信息并使信息尽其所用

D. 以尽可能低的费用获取尽量多的有用信息

10. 以下（　　）相对能尽量保证信息的准确性。

A. 习惯于从个人网站上采集信息

B. 习惯于从 QQ 聊天室获得信息

C. 习惯于从 BBS 上采集信息

D. 习惯于从知名网站上采集信息

11. Google 属于（　　）。

A. 分类搜索引擎　　B. 全文搜索引擎

C. 元搜索引擎　　D. 万能搜索引擎

12. 百度搜索引擎号称（　　）。

A. 全球第一搜索引擎　　B. 全球最强搜索引擎

C. 全球第一中文搜索引擎　　D. 全球最大搜索引擎

13. 按照搜集方法和服务提供方式的不同，常用的搜索引擎分类不包括（　　）。

A. 分类搜索引擎　　B. 全文搜索引擎

C. 元搜索引擎　　D. 中文搜索引擎

14. 全文搜索引擎可以直接搜索到包括所搜“关键字”的（　　）。

A. 网站　　B. 网页

C. 网站主页　　D. WORD 文档

15. 如果你要参加高考，想通过查询高校的网站了解和对比广东省各高校的软硬件情况，为了节省查询时间，按照经验，你会选择采用（　　）进行搜索。

A. 分类搜索引擎　　B. 全文搜索引擎

C. 元搜索引擎　　D. 中文搜索引擎

16. 以下说法正确的是（　　）。

A. 在 Google 搜索引擎上搜索信息，每页只能显示 10 条搜索项

B. 在 Baidu 搜索引擎上搜索信息，每页只能显示 50 条搜索项

C. 在 Yisou 搜索引擎上搜索信息，每页只能显示 20 条搜索项

D. 在以上搜索引擎上搜索信息，每页均可以设置显示 10 或 50 条搜索项

17. 网络广告与传统广告最大的区别在于（　　）。

A. 媒体广告的费用

B. 广告的收益

C. 媒体能否提供详细的广告效果统计分析数据

D. 广告的效率

18. 电子杂志是由国内著名的（　　）提供。

A. ISBN　　B. ICP

C. ISSN　　D. ASP

19. 在网络时代，网络信息的收集大部分是通过（　　）获得的。

A. 聊天程序　　B. 新闻组

C. 搜索引擎　　D. BBS

20. 以下（　　）不是收集生产商报价的方法。

A. 利用有名的讨论组查询　　B. 利用生产商协会站点查询

C. 通过厂方站点查询　　D. 通过生产商网站的电子邮件查询

21. 相对于传统商务信息，网络商务信息具有的显著特点不包括（　　）。

A. 时效性强　　B. 传播范围广

C. 便于存储　　D. 质量优良

22. 收集销售商的报价通常不用（　　）方案。

A. 查询销售商站点中的报价

B. 查询政府品类专卖机构的价格

C. 通过商务谈判中的价格磋商

D. 著名聊天室和 BBS

23. 在 Google 或 Baidu 上用关键词“中国 + 交易会”搜索将会（　　）。

A. 搜索同时包括“中国”和“交易会”文字的网站主页

B. 搜索同时包括“中国”和“交易会”文字的所有网页

C. 搜索包括“中国”或“交易会”文字的网站主页

D. 搜索包括“中国”或“交易会”文字的所有网页

24. 在 Google 或 Baidu 上分别用关键词“中国 + 交易会”和“交易会”搜索，则（　　）。

A. 前者的搜索项多，后者的搜索项少

B. 前者的搜索项少，后者的搜索项多

C. 前者的搜索项和后者的搜索项一样多

D. 不能判断两者搜索项的多少

25. 运用 Google 搜索时，在其主页上有三种网页内容形式的选择，其中不包括（　　）。

A. 搜索中国的网页　　B. 搜索所有中文网页

C. 搜索简体中文网页　　D. 搜索繁体中文网页

26. 在 Google 上用关键词“交易会 OR 展销会”搜索，则（　　）。

A. 搜索包括“交易会”或“展销会”文字的所有网页

B. 搜索同时包括“交易会”和“展销会”文字的所有网页

C. 搜索包括“交易会 OR 展销会”文字的网站主页

D. 搜索同时包括“交易会”和“展销会”文字的网站主页

27. 通过上网实践验证，以下不属于分类搜索引擎的是（　　）。

A. www. hao123. com　　B. www. galary. com

C. www. sogou. com　　D. www. 265. com

28. Infoseek 搜索引擎维护着一个非常庞大的（　　）。

A. 离线黄页数据库　　B. 在线黄页数据库

C. 离线论坛数据库　　D. 在线论坛数据库

29. 常用的利用电子邮件的简易网上调查方法不包括（　　）。

A. 通过企业网站告知客户邮箱地址，等待接收客户对产品或服务的反馈信息

B. 通过订阅互联网上的有关邮件列表或电子刊物接收邮件信息

C. 在 Internet 网上发布电子邮件，并通过被调查人回复电子邮件的方式收集调查信息

D. 在电视广告上告诉受众电子邮件，等待接收客户对产品或服务的反馈信息

30. 网上采集商务信息的方法不包括（　　）。

A. 利用 HTML 表单　　B. 利用 BBS

C. 利用 e-mail　　D. 利用 HTTP 表单

31. Usenet 用户写的新闻被发送到新闻组后，（　　）。

A. 任何访问该新闻组的人都有可能看到这个新闻

B. 任何访问该新闻组的其他人都不可能看到这个新闻

C. 任何访问该新闻组的人都不可能看到这个新闻

D. 任何上网的人都能看到这个新闻

32. 利用新闻组收集商务信息可以通过（　　）进行。

A. Frontpage　　B. Outlook Express

C. Flashget　　D. Winrar

33. 网上采集商务信息的方法不包括（　　）。

A. Chat　　B. ICQ

C. Blog　　D. Flash

34. 以下主要从事 B2B（企业对企业）业务的是（　　）。

A. www. taobao. com　　B. www. ebay. com

C. http：//china. alibaba. com　　D. www. m18. com

35. 关于邮件列表的说法，不正确的是（　　）。

A. 只接收信息的邮件列表称为论坛列表

B. 只要能够使用 e-mail，就可以使用邮件列表

C. 邮件列表可以广泛应用于企业的售后服务

D. 通过邮件列表，可以向 Internet 上多个用户迅速传递消息

36. 希网（http：//www. cn99. com）号称（　　）。

A. 群发邮件专家　　B. 电子邮件专家

C. 免费邮件专家　　D. 邮件列表专家

37. 群发邮件技术能够（　　）。

（1）对有效的 e-mail 地址进行分类排序

（2）具有批量发送功能，一次发送多个邮件到不同的邮箱

（3）支持附件发送

（4）发送目标可由自己来确定，比邮件列表具有更大的邮件受众量

A.（1）（2）（4）　　B.（1）（2）（3）（4）

C.（2）（3）（4）　　D.（1）（3）（4）

38. QQ 的功能包括（　　）。

（1）聊天室

（2）传输文件

（3）语音邮件

（4）与 GSM 移动电话的短消息系统互联

A.（1）（2）（4）　　B.（1）（3）（4）

C.（2）（3）（4）　　D.（1）（2）（3）（4）

39. 常用的网上发布商务信息的方法有（　　）。

（1）通过网上信息发布平台

（2）利用邮件列表发布商务信息

（3）利用群发邮件发布商务信息

（4）利用报纸广告发布商务信息

A.（1）（2）（4）　　B.（1）（2）（3）（4）

C.（1）（2）（3）　　D.（2）（3）（4）

40. 以生产为导向的经营观念，突出强调（　　）的作用。

A. 生产规模　　B. 产品质量

C. 产品销售　　D. 市场需求

41. 关于网络营销的说法，正确的是（　　）。

A. 网络营销是全新的方式，与传统营销有着本质的区别

B. 网络营销是先进的营销方式，企业应彻底淘汰传统营销方式

C. 网络营销既连接传统营销，又引领和改造传统营销

D. 网络营销就是指运用高科技手段在网上买卖产品而获利

42. 相较于传统的调查方式，网上调研的突出特点有（　　）。

A. 调查周期短、成本低　　B. 调查周期短，但成本高

C. 调查周期长，但成本低　　D. 调查周期长、成本高

43. 网络营销的特点不包括（　　）。

A. 全天候的营销服务　　B. 个性化的营销方式

C. 单向式的沟通　　D. 经济性的成本

44. 网络营销提供了更加方便的顾客服务手段，主要有（　　）等形式。

（1）FAQ（常见问题解答）

（2）电子邮件

（3）邮件列表

（4）在线论坛

A.（1）（2）（4）　　B.（1）（2）（3）（4）

C.（1）（2）（3）　　D.（2）（3）（4）

45. 传统营销理论以4P's为基础，4P's不包括（　　）。

A. Product　　B. Price

C. Place　　D. Probe

46. 网络营销理论认为，企业必须严格地执行以（　　）为归宿点。

A. 利润最大化　　B. 高质量产品

C. 满足消费者需求　　D. 顾客利益最大化

47. 网络营销4C's理论体系不包括（　　）。

A. Commom wants and needs　　B. Cost to Satisfy wants and needs

C. Convenience to buy　　D. Communication

48. 网络营销之所以是“软营销”，其根本原因是因为（　　）。

A. 网络营销是虚拟的，企业对它没有太大的约束力

B. 顾客个性化需求意识增强，且可以很方便地通过网络货比三家，挑选余地大

C. 顾客越来越有势力，维权意识强，企业不得不服“软”

D. 企业间的竞争越来越激烈，对顾客讨价还价的能力降低

49. 企业在“软营销”理念下，应该（　　）。

A. 多在各种媒体上做企业和产品的广告

B. 大力培养高素质的推销人员，加大产品推销力度

C. 在网络上充分利用群发邮件技术多方发布产品广告

D. 增强企业满足顾客需求的能力

50. 中立交易平台模式中的电子商城属于一种（　　）。

A. 制造商　　B. 中间商

C. 最终消费者　　D. 二级渠道商

51. 网络营销理论认为，企业应该（　　）。

A. 以自身的生产成本为基准进行定价

B. 采取尽可能低的定价策略以求薄利多销

C. 以消费者能接受的成本来制定产品价格

D. 以自身的赢利计划来进行产品定价

52. 在网络时代，以下说法正确的是（　　）。

A. 企业的渠道策略应该以给顾客的购物提供方便为出发点

B. 企业应突出自己在产品开发方面的主导地位，大力加强对产品的宣传促销力度

C. 商场如战场，企业应加强竞争意识，树立将同行消灭干净的坚定信念和决心

D. 在生意交往中，顾客越来越被动，企业越来越主动

53. 以下属于网络广告特点的是（　　）。

A. 交互性弱　　B. 针对性差

C. 受众数量可准确统计　　D. 实时、灵活、高成本

54. 由广告商将广告企业加以分类，将名称（也可带有简介及链接）放置于特定的

位置，供用户检索的网络广告属于（　　）广告。

A. 主页式　　B. 企业黄页式

C. 网页嵌入式　　D. 横幅式

55. 市场细分的终极目标是（　　）。

A. 关系营销　　B. 赢得利润

C. 整合营销　　D. 个性化营销

56. Banner 广告就是（　　）。

A. 旗帜广告　　B. 按钮广告

C. 插页广告　　D. 墙纸广告

57. 网络广告收费的 CPM 标准，一般是（　　）。

A. 按照一段时间内网页上的点击次数作为收费单位

B. 按照每千人次点击广告次数作为收费单位

C. 按照每千人次受广告影响产生实际购买次数作为收费单位

D. 按照每千人次访问次数作为收费单位

58. 某网站旗帜广告的 CPM 报价为 360 元，若 2005 年某广告主支付广告费 18 万元，则该广告的实际收视为（　　）万人次。

A. 50　　B. 500

C. 20　　D. 200

59. 若某网站 2006 年总访问人次中有约 10% 会点击它的按钮广告，该网站按钮广告的 CPC 报价为 10 元，该网站 2006 年总访问量约为 500 万人次，你打算 2006 年在该网站投放按钮广告，那么你在 2006 年的广告费估算为（　　）元。

A. 50　　B. 500

C. 5 000　　D. 10 000

60. 下列关于网络信息收集的说法中正确的是（　　）。

A. 利用搜索引擎可以将互联网上的信息一网打尽

B. 网络上的信息都是免费的

C. 网络上的信息都是真实可靠的

D. 保存网络信息时通常要注明其出处，并最好按自己使用信息方式更换名称

（二）问答题

1. 网络商务信息具有哪些显著的特点？
2. 从网络营销的角度看，网络商务信息的采集和发布的基本要求是什么？
3. 分类搜索引擎、全文搜索引擎、元搜索引擎各有何优缺点？
4. 常用的网上收集商务信息的方法有哪些？
5. 常用的网上发布商务信息的方法有哪些？
6. 常用的布尔运算符有哪些？
7. 网络商务信息的整理工作一般可以分为哪几个阶段？
8. 网络营销的特点有哪些？
9. 网络营销的功能有哪些？

10. 试述网络营销整合理论的内涵。

11. 为什么说网络营销是“软营销”?

12. 网络营销有哪些常见模式?

13. 网络广告的种类有哪些?

14. 网络广告的收费模式有哪些?

(三) 操作题

1. 你是某服装外贸代理商的业务人员，现欲在国内寻找一批服装生产商作为合作伙伴，请你通过网络初步找出10家服装生产商，并记录下他们的厂名、所在地、联系电话、主要产品类型，以便进一步联系。

2. 你是北京某外贸企业的市场人员，现准备随经理出差到深圳，请通过网络预先查询几家三星级酒店客房的有关信息，以便向经理汇报。

3. 你是做钢材生意的，现想了解国内各主要钢铁厂的价格情况，请你通过网络采集你想要的信息。

4. 你是外贸公司业务员，记得曾在中国出口贸易网上看到一篇“2006中国外贸形势展望”的文章，现领导要求你将它的内容保存在你电脑D盘的“环境研究”文件夹下，为便于信息的管理，请你进行具体操作。

5. 你公司从事五金、刀具国际出口业务，请你分别在“中国进出口贸易网”和“中国出口贸易网”查找出1~2条外国公司求购五金刀具的信息。

6. 假如你是广州市××有限公司的业务代表王假，公司从事服装进出口业务，请你在阿里巴巴网站注册成为会员（不齐资料可自己补上），并分别发布一条求购和供应牛仔裤的信息。

7. 请你在中国营销传播论坛（http：//club. emkt. com. cn/）注册成会员，并查阅某一感兴趣的商务话题，对话题进行回复以发表自己的观点，之后自己再另外发表一篇新的话题。

8. 在希网网络注册，并订阅“商业机会”杂志，如有条件可申请成为高级会员，然后再试办一份“贸易通全球”杂志。

9. 分别考察淘宝网、海尔网、中国招标投标网、易趣网、招商银行网、戴尔网，结合课本内容试思考其运作模式及了解其网站包含的主要功能模块。

10. 请你在博客公社（http：//blog. blogchina. com/）注册企业博客身份（企业资料可自己假设），并试操作企业博客的各种功能。

(四) 案例分析题

案例1

“如果没有因特网，我们的企业就不可能脱颖而出；如果没有因特网，我们的企业也不会有更广阔的明天。”山东省兖州市十强私营企业之一、联诚金属制品有限公司董事长郭元强这样告诉大家。

1995年年底，工作3年的研究生郭元强毅然辞去公职，回到兖州市谷村镇，贷款20万元，白手起家组建了兖州市联诚金属制品有限公司。

郭元强一开始就意识到，他的小公司不缺技术，产品质量也可以不断提高，最关键的问题在于销售。派人到国外去找市场、找买家，对一个只有二十多万元家产的小公司来说，只能是天方夜谭。怎么办？公司小且刚起步，如果走传统营销的路子，不仅困难，还不一定有好的效果。“我们的优势在哪里？”郭元强想到了因特网。

早在1994年，因特网在国内刚一兴起，当时身处上海的郭元强就开始触网了。他在网上浏览信息，与国内外的朋友互发邮件。不久，他对因特网这一现代通信手段就有了充分的认识和广泛的运用。当他把公司产品的市场瞄准美国的时候，他自然而然地用起了因特网。

因此，为尽早掌握国际市场的最新动态和产品需求，及时调整生产计划和生产方向，郭元强的公司先后购置了12台计算机，全部接入互联网，实现了网上了解信息、网上接受订单、网上设计图纸、网上交流技术、网上销售产品。

郭元强的第一笔生意就是在因特网上做成的。他向美国一些汽车大公司发电子邮件，介绍自己的产品。很快，美国的ANC公司就有了回话。网上几番交流后，ANC公司兴趣大增。不久，该公司总经理亲自来到兖州市郭元强的小厂考察。他在考察完后，当即用自己带的笔记本电脑向总部发回了一份考察报告：“联诚公司新产品质量完全达到我公司标准，更为重要的是，该公司信息意识强，信息渠道畅通，出乎意料。”

“我公司现在一个专职推销员都没有，产品销路都在因特网上。”郭元强介绍，“我让员工每天至少都要上三次网，主要是了解市场行情，接收和给客户发送邮件，网上交流图纸、销售产品。现在，他们每天都要接收和发送三四十条信息，特别是产品销售，都是由因特网来保证的。”

据介绍，郭元强公司生产的设备一律都销往国外，而至今他与不少客户还只是在网上认识。

案例问题：

1. 郭元强生意成功的主要原因是什么？
2. 如果你是郭元强公司的职员，你有哪些办法帮助公司扩大业务？

案例2

昨天，我同时收到7封相同的电子邮件（e-mail），内容如下：

亲爱的朋友，您好！

您一定是一位聪明、漂亮的白领女性，可是您知道如何保养您的皮肤吗？您知道适合用什么样的化妆品吧？

——您想拥有一名免费的美容顾问吗？

玫琳凯（marykay）是美国最大的化妆品公司，全球500强企业之一，业务扩展至全球30多个国家和地区，全球每年约有2 000多万消费者购买约一亿四千万件玫琳凯产品。在中国，已遍布全国18个城市，拥有超过4万名美容顾问。

现在您想免费拥有一名玫琳凯的专业美容顾问吗？您想免费听一堂专业的美容课吗？您想免费试用国际一流的化妆品吗？请赶快拨打以下热线电话，全部免费！！！

案例问题：

1. 本例中的公司主要使用了什么样的业务信息发布方式？

2. 你认为案例中公司采用这种方式应注意哪些问题?

案例 3

国际贸易公司由于业务涉及出口，所以网站就显得非常重要了，我原来给一家中型的国际贸易公司做过一个网站，网站做完了，该推广的时候，该公司的老总就问我能不能帮他们在国内各个门户网站上打打广告，做一下推广。我当时就反对做门户网站的网络广告，首先门户网站的广告价格非常高，其次也不是国际贸易公司的目标方向，还真没怎么看到国际贸易公司在国内门户网站上打广告的，所以我建议老总把钱用在合适的地方，花少量的钱做大的营销。他同意了，不过先让我写个方案。

按照要求我先给这家国际贸易公司出了一套网络营销方案，整个方案大约在 5 000 字左右，这套方案也是我们帮助实施的。我们是通过以下四个具体步骤来开展网络营销的:

第一，我们通过企业的自身情况选定合适的搜索引擎注册，并且隔一段时间观察排名情况，并总结出哪些搜索引擎能带来实际效果。根据这个国际贸易公司有国内业务也有国际业务的特点，而且国际业务又占了大约70%的比例，我们建议这个公司注册 YAHOO 英文搜索引擎、MSN 英文搜索引擎，虽然这两个搜索引擎价格比较高（价格都在 299 美元)，但我们认为是比较值得注册的。在免费英文页面搜索引擎方面，我们将这家公司的网站注册到 GOOGLE 等英文搜索，并在提高排名方面作出了努力，现在查询的时候基本上在搜索关键词的第二个页面就能出现这家公司的网站链接。在国内搜索注册方面，我们协助他们注册了新浪和搜狐两个搜索引擎，另外还注册了百度竞价排名服务以及网络实名。另外由于这家公司也有相当一部分日本客户以及印度客户，我们又将其网站提交给了日本门户网站 www. yahoo. co. jp 以及印度门户网 www. rediff. com。

第二，在 B2B 网站推广方面，我们为企业订购了发布信息类软件，比如《商务快车》以及《环球商务信息发布系统》等，这类能把产品信息及时而且批量发布到国内外各个 B2B 网站上去。对于重要的 B2B 网站，而信息发布软件又发布不好的网站，比如说 alibaba. com，该公司又加入了 Alibaba 诚信通会员服务。

第三，为企业培训网络营销人才，在这四点营销中，培训人才是关键，因为企业没有专业的网络营销人才，而网络营销又需要长期地做下去，如果没有专业人才来进行营销，就不能产生很长期的效果。我们主要培训怎样通过网络手动发布及搜索信息，怎样通过软件进行营销，怎样群发分类电子邮件，怎样和相关网站做友情链接，等等。

除了以上几点外，我们还在网上网下作了以下几点建议：为了及时反馈客户信息，我们还提出公司邮箱使用手机接收邮件的功能，因为国际贸易公司的客户来自世界各地，反应迅速会给人以良好的企业形象。另外我们制作了中英文企业产品展示幻灯片，放到网上供客户下载浏览。

通过半年多的推广工作，该公司的网站已经注册成功了 60 多家中英文搜索引擎，其中有 10 家左右是知名度最高的搜索引擎。通过英文搜索引擎，吸引了大量欧美客户通过网络订购产品，原来欧美客户在国外客户中的比例很低，最近在逐步提高。在国内推广方面，由于该公司几乎垄断了搜索引擎前三名，国内业务也比以前提高了很多。通过邮件群发以及软件的主动出击，能使客户知道产品的最新信息以及动态。最重要的是，通过我们培训的企业内部营销人才现在正在进一步加强网站的网络营销，使新客户源源不断地找上门来。

案例问题：

1. 本例中主要设计了哪些信息发布方式？

2. 案例中公司将网站注册到 GOOGLE 等英文搜索引擎上时，为何要在提高排名方面作出努力？

案例 4

传统的交易方式已经成了一个套路：供给方确定商品的价格，消费者看看是否合适，买不买自便。现在这个过程可以反过来了。

Priceline. com 就是一个由消费者定价的网站，公司的总裁沃克创造了一种全新的商业模式。该网站的主要业务就是收集人们愿意承担的飞机票、旅馆房间、汽车和房产抵押的价格，在线公布之后等待最合适的卖主。该公司的营业情况并不是特别理想，但是在股票市场上获得了空前的成功。Priceline. com 1999 年 4 月初在华尔街上市，一周之内股价从每股 16 美元上升到 80 美元，市值达到 110 亿美元。Priceline. com 1998 年收入了 3 500 万美元，但是投进去 1. 14 亿美元，1999 年头两个月它又花了 2 000 万美元。

让消费者给机票、酒店和轿车等商品定价的方式，已经强烈地震撼了网上销售业。在沃克的世界里，最初的成交量不大，但是，沃克说服了 200 万人来网站签约购物，这正在迫使传统商业中心重新考虑他们的定价模式。

案例问题：

你认为本例中的定价策略是否符合网络营销思想？为什么？

案例 5

在电子商务领域，对顾客的服务将决定企业的存亡。不仅像亚马逊这样的网络新贵重视服务，即使一些小网站也想尽办法提高服务水平。

Hifi. com 是销售消费类电子产品的网上商店，这个网站选择的商品品位很高；用户享有 45 天的在家免费试用期（该网站甚至会支付退货所需的运输费用）；极其详尽的零部件设置和连接指导；可回答用户所提问题的网上专家；用户无须支付商品运费；以及一项价格保护条款，这项价格保护条款规定，如果用户在购买某件商品后的 30 天内，发现别处同类商品的售价更为便宜，将可以得到 Hifi. com 网站返还的差价。

iQVC. com 也是一家在线百货商店，iQVC 在《个人电脑》杂志的顾客满意程度调查中得分最高。QVC 原来是电视购物操作者，1998 年推出了网上购物业务 iQVC，以辅助现有的电视购物，当用户不用电视购物的时候，可以利用互联网作为通道继续购买 QVC 的产品，同时网上可以提供更多的产品资源，给予用户更多的选择和服务。由于有多年的电视销售经验，这个网站的服务门类非常齐全，商品退换的制度也非常规范。凡是顾客需要的服务，他们都会替你着想。

案例问题：

如何理解“在电子商务领域，对顾客的服务将决定企业的存亡”这句话？

案例6

2000年3月10日，海尔投资成立电子商务有限公司。4月18日海尔电子商务平台开始试运行，6月份正式运营。截至12月31日，B2B的采购额已达到77.8亿元，B2C的销售额已达到608万元。海尔的电子商务为什么魅力四射？用户为什么会有如此大的热情，可以看以下几个例子：

例一：我要一台自己的冰箱

青岛用户徐先生是一位艺术家，家里的摆设都非常富有艺术气息，徐先生一直想买台冰箱，他想，要是有一台表面看起来像一件艺术品但又实用的冰箱就好了。徐先生从网上看到“用户定制”模块，随即设计了一款自己的冰箱。他的杰作很快得到了海尔的回音：一周内把货送到。

例二：从网上给亲人送台冰箱

北京消费者吴先生的弟弟下个月结婚，吴先生打算买一台冰箱表达当哥哥的情意。可是弟弟住在市郊，要买大件送上门，还真不太方便。海尔作为国内同行业中第一家做电子商务的信息传来后，吴先生兴冲冲地上网下了一张订单，弟弟在当天就收到了冰箱。弟弟高兴地打来电话说，他们家住6楼，又没有电梯，但送货人员却把这么大的冰箱送到了家里，太方便了，今后他买家电也不用跑商场了，就在海尔网站上买！

例三：把商家也变成设计师，实现“个性化”

海尔电子商务最大的特点就是个性化。海尔在内部就提出了与客户之间是零距离，而此前客户的选择余地是有限的，这对厂家有利，现在一上网，用户要定制他自己的产品，这并不是所有企业都能做到的。

要做到与客户之间零距离，不能忽视商家的作用。因为商家最了解客户需要什么样的商品，要与客户之间零距离，就要与商家之间零距离，让商家代替客户来定制产品。B2B2C的模式符合实际情况，也帮我们培养了一大批海尔产品用户的设计师。

海尔提出的商家、消费者设计商品理念，是有选择的，因为不可能让一个普通的商家或消费者代替专家纯粹从零开始搞设计，这样他们不知从何下手，海尔也难以生产。海尔现共有冰箱、空调、洗衣机等58个门类的9 200多个基本产品类型，这些基本产品类型，就相当于9 200多种“素材”，再加上提供的上千种“佐料”——2万多个基本功能模块，这样海尔的经销商和消费者就可在提供的网络平台上，有针对性地、自由地将这些“素材”和“佐料”进行组合，并产生出独具个性的产品。

当然，海尔这种B2B的模式若只定位在某一地方就肯定不行，因为成本太大了，海尔是着眼于全球市场，这样需求就大大地增加，成本就大大地降低。一般来讲，每一种个性化的产品如产量能达到3万台，一个企业就能保证盈亏平衡，而事实上海尔的每一种个性化的产品的产量都能达到3万台以上。这成本平摊下来，商家和消费者所得到的产品价格的增长是很微小的。

案例问题：

1. 从本案例中可以看出网络营销具有哪些特点？

2. 有人说，企业开展电子商务，应满足每位顾客的个性化需求。你同意这个观点吗？为什么？

案例 7

2004 年，网上创业成为电子商务发展的新亮点。一年前，某市组织了“4050 网上创业活动”，鼓励、帮助 45 岁左右的下岗职工进行再就业。下岗职工张阿姨和王阿姨积极投入了这一活动，并且都申请到政府提供的 2 万元创业基金资助。

张阿姨开设了一家经营时尚商品的网上商店，以受教育程度较高的年轻人为销售对象，网上商店为他们提供包括时尚化妆品、装饰品以及宝宝用品。张阿姨认为在网上做生意，诚信最重要。她严格把握进货质量，客观地宣传经营的商品，一般采用货到付款的方式，及时将货物送达订货人。一年过去了，张阿姨的网站生存了下来，并且有了赢利。张阿姨说：“下岗曾使我一度陷入痛苦的深渊，互联网使我重新看到了生活的希望。”

王阿姨也开设了一家网上商店。为了丰富商品内容，王阿姨选择了多类商品，按照用户年龄设计了多个不同的商品介绍页面，并请专业人员应用多媒体技术把网页设计得有声有色。王阿姨对定价并不十分重视，也没有刻意拉开商品的价格差距。她说：“价格差距的作用不大。只要喜欢，顾客就一定会买。”半年下来，该网站点击率在下岗职工同时创办的网站中已名列前茅，但销售额一直上不去。王阿姨最终得出的结论是：“开设网上商店的人都说在网上买商品很方便，但事实不是这样，因为目前网上商店所能提供的条件还不能完全满足客户的要求。比如，在网络上买一件衣服就相当麻烦，因为不能直接接触到商品，所以需要投入很多精力来操作。再加上支付问题、安全问题、配送问题，顾客自然只浏览而不购买了。”现在，王阿姨已经完全退出了网络经营这个领域。

案例问题：

1. 张阿姨成功的主要原因在哪里？王阿姨经营不顺利的主要原因又在哪里？

2. 有人说：“在中国，真正想做电子商务至少是十年之后的事情，因为存在的问题太多。”联系案例，谈谈你如何看待这个观点？

二、参考答案

（一）单项选择题

1. A。在现场推介工作中，语言是最快、最直接、最有效的交流方式。

2. C。口头交流不能脱离说话人而单独存在，其受到时间和空间的限制最大。

3. C。理由：在所提供的选项中，信息可以印刷在报纸杂志上随之保留，其余的媒介均不宜直接保留信息。

4. D。理由：广播、电话只能传播声音，报纸杂志只能传播图形、色彩。

5. A。理由：在因特网上，信息可以直接传播至全球，广播和电视虽然传播范围较广，但一般需要转播才能传播至全球。

6. D。理由：因为是刚起步的小公司，利润薄，资金不宽裕，在提供的选项中，只有在网络上发布信息成本较低。

7. A。理由：ISP 的全称为 Internet Service Provider，即因特网服务提供商。

8. A。理由：ICP 的全称为 Internet Content Provider，即网上信息内容服务商；ASP 的全称为 Application Service Provider，即网上应用服务供应商；POP 在广告学里是英文 Point of Purchase 的缩写形式，在网络技术里是指邮局协议（Post Office Protocol）。三大门户网站主要是为互联网用户提供信息服务。

9. C。理由：网络信息的经济性既包括在采集信息时尽可能低成本，又包括对采集的信息不浪费两层含义。

10. D。理由：知名网站上的信息往往经过编辑的审查，并用知名网站的品牌信誉做保证，而来源于个人的信息则往往没有。

11. B。理由：Google 搜集保存的是各网站包含关键字的每一个网页的全部内容。

12. C。理由：百度搜索引擎是全球最大的中文搜索引擎。

13. D。理由：按照搜集方法和服务提供方式的不同，常用的搜索引擎主要分为分类搜索引擎、全文搜索引擎、元搜索引擎三类。

14. B。理由：全文搜索引擎是网页级搜索引擎。

15. A。理由：因为各高校网站均属于同一类别“大学”，故采用分类搜索引擎中的“大学”类别并按广东地区分类可以一次性将广东各高校网址找出来。如采用其他搜索引擎，则要反复输入各高校的关键字，需查询许多次。

16. D。理由：在选项中，各搜索引擎主页上均提供了“使用偏好”之类的用户设置栏目链接，可以通过该链接设置每页显示的搜索项。现以 Google 来简要说明：如图 3 – 1 所示，在 Google 主页的搜索栏右方点击“使用偏好”；如图 3 – 2 所示，在“使用偏好”页面的“结果数量”栏目的滚动栏选择你期望每页显示的搜索项数量；点击“储存使用偏好”完成设置。

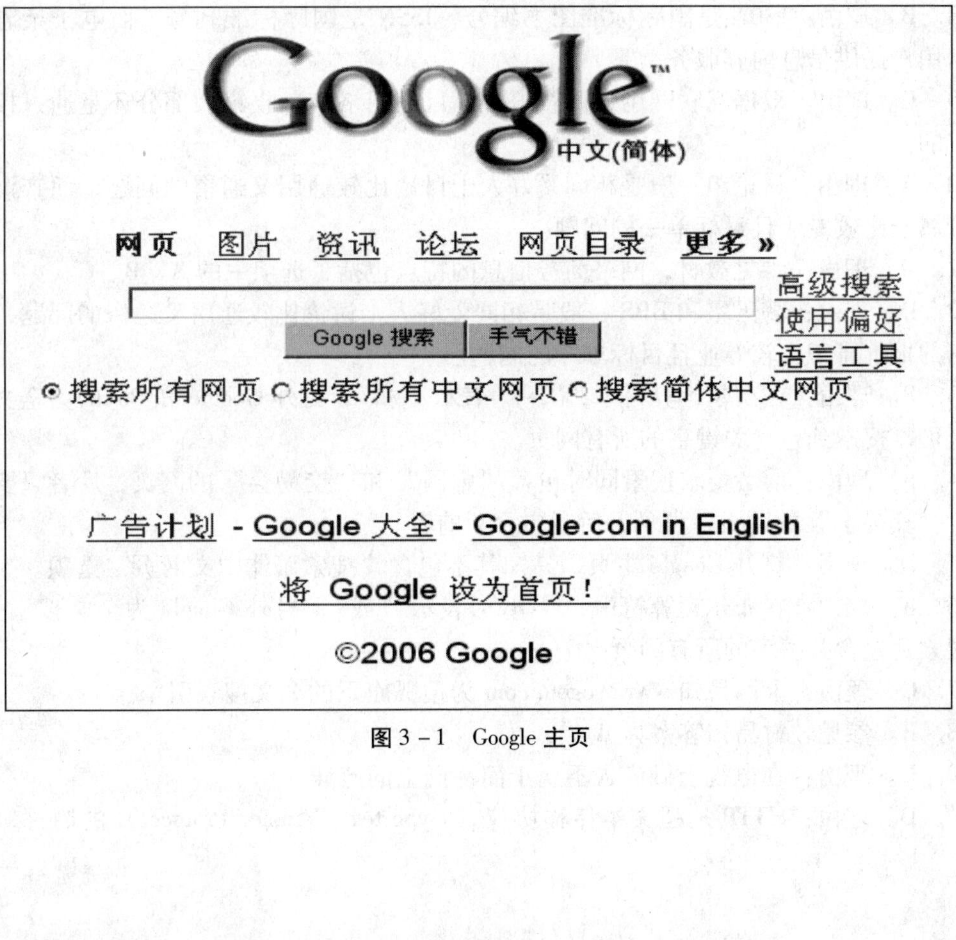

图 3 – 1　Google 主页

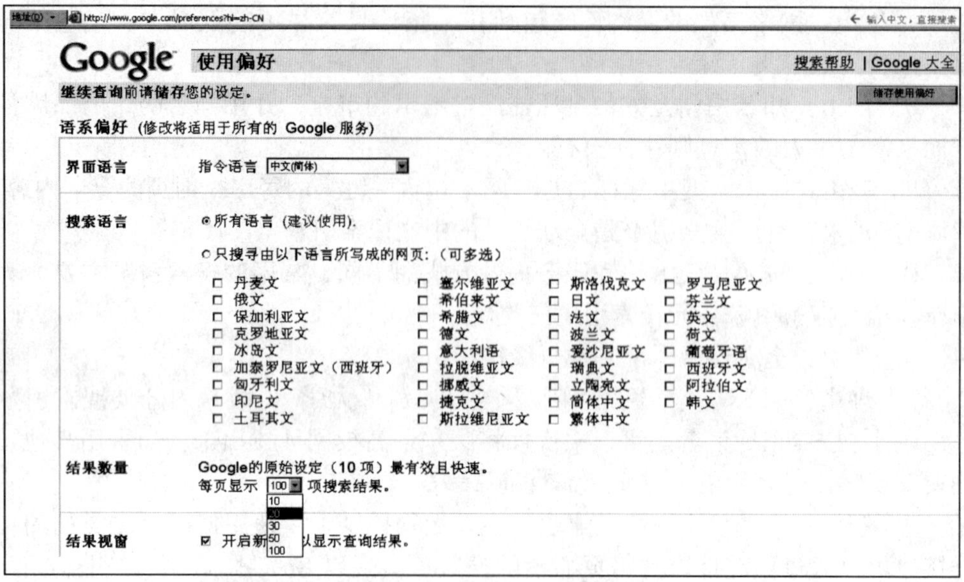

图 3－2 Google 使用偏好页面

17. C。理由：网络广告容易通过网站计数器精确统计受众数量，而传统广告很难做到这一点。

18. B。理由：ISBN 是国际标准图书编号，ISSN 是国际标准刊号，而电子杂志主要为网络用户提供信息内容服务。

19. C。理由：根据互联网用户调查报告，目前网络信息收集大部分还是通过搜索引擎完成的。

20. A。理由：讨论组一般是相同爱好人士讨论比较通用又通俗的问题，而查询生产商报价属于比较专业且目标单一的问题。

21. D。理由：参见教材，网络商务信息的特点包括了选项中的 A、B、C。

22. D。理由：聊天室和 BBS 一般是相同爱好人士讨论比较通用又通俗的问题，收集销售商的报价属于比较专业且目标单一的问题。

23. B。理由：在布尔运算符中，“+”表示“和”，另外 Google 和 Baidu 为全文搜索引擎，可以搜索到包含关键字的所有网页。

24. B。理由：前者要求搜索同时包含“中国”和“交易会”的网页，后者只要求搜索包含“交易会”的网页，可见，后者包含了前者。

25. D。理由：打开 Google 主页，易知其不包含“搜索繁体中文网页”选项。

26. A。理由：在布尔运算符中，“OR”表示“或”，另外 Google 为全文搜索引擎，可以搜索到包含关键字的所有网页。

27. C。理由：上网易知 www. sogou. com 为搜狐旗下的全文搜索引擎。

28. B。参见教材易知答案为 B。

29. D。理由：在电视上做广告不属于简易网上的范畴。

30. D。理由：HTTP 是超文本传输协议（Hypertext Transfer Protocol）的简称，网上

表单通常是用 HTML（HyperText Markup Language）定义的。利用 HTML 表单、BBS、e-mail 均可采集商务信息。

31. A。理由：只有访问新闻组的用户才可以看到新闻组上的新闻。

32. B。理由：Frontpage 是网页编辑软件，Flashget 是下载管理软件，Winrar 是压缩解压软件，只有 Outlook Express 是邮件收发管理软件，可以进行新闻组的邮件订阅。

33. D。理由：Chat、ICQ、Blog 都是采集商务信息的常用工具，而 Flash 是动画制作软件。

34. C。理由：在四个选项中，只有阿里巴巴是做 B2B，其余主要是做 B2C。

35. A。理由：参见教材，只接收信息的邮件列表称为广播列表。

36. D。理由：希网主要是开展邮件列表服务，号称邮件列表专家。

37. B。理由：参见教材，易知答案为 B。

38. D。理由：参见教材或亲自实践，易知答案为 D。

39. C。理由：只有报纸广告不属于网上发布信息。

40. A。理由：以生产为导向的经营观念认为企业应该大力扩大生产规模，形成规模效应以降低成本。

41. C。理由：网络营销在本质上与传统营销一脉相承，都应以给消费者创造价值、满足消费者需求为基本点，但在实现途径和方式上有其新特点。

42. A。理由：网上调研易于收集、统计和分析，其环节较少、效率高，并省去了很多调查人员的成本。

43. C。理由：参阅教材，网络营销的主要特点之一是可以实现双向沟通。

44. B。理由：在服务顾客时，FAQ（常见问题解答）、电子邮件、邮件列表、在线论坛都是常用形式。

45. D。理由：4P's 指产品（Product）、价格（Price）、渠道（Place）和促销（Promotion），而 Probe 指市场调查。

46. C。理由：网络营销理论以满足消费者需求为出发点，通过给消费者创造价值以实现自己的利润，而不可能以顾客利益最大化为根本目的（否则企业都要破产了）。

47. A。理由：选项 A 中的 Commom 是“共同的”“普遍的”等意思，4C's 理论体系中“顾客的需求”应为“Consumer's wants and needs”。

48. B。理由：软营销和强势营销的一个根本区别就在于“软”营销的主动方是消费者而强势营销的主动方是企业。网络营销是“软营销”的原因是由网络本身的特点和消费者个性化需求的回归造成的。

49. D。理由：在网络营销环境下，消费者是主动方，他们容易了解企业产品的特点，并善于按自己的需求特点选购合适的产品，因而企业应着重增强自身的吸引力和满足顾客需求的能力，而不是采用强势营销手段。

50. B。理由：中立交易平台模式中的电子商城不直接制造产品，因而不是制造商；另外，在网络商务中，电子商城一般都是直接向制造商进货，转手卖给消费者，因而不是二级渠道商。

51. C。理由：网络营销 4C's 理论体系采取以消费者能接受的成本来制定产品价格的策略。

52. A。理由：网络营销4C's理论体系采取以为消费者购买商品提供方便制定销售渠道策略；选项B错在企业没有以消费者的需求为出发点设计产品，并错采用“强势营销”理论；选项C错在过于强调竞争，事实上，在网络时代，更应强调“竞合”理念；选项D错误认为网络营销是“强势营销”。

53. C。理由：网络广告的主要特点有：传播范围广、不受时空限制，交互性强，针对性强，受众数量可准确统计，实时、灵活、低成本，感染力强等。

54. B。理由：参照教材，易知答案为B。

55. D。理由：网络营销可以方便地实现个性化服务，因此，将市场进行细分，其最理想状态（当然面临着制造成本问题，但如果顾客为实现自己的个性化需求而愿意承担较高的成本，那就不成问题）就是实现按单个顾客的需求特点进行针对性的服务。

56. A。理由：Banner广告就是旗帜广告。

57. D。理由：CPM（Cost per Thousand Impressions），一般是按照每千人次访问次数作为收费单位。

58. A。理由：每千人次访问费用为360元，总费用为18万元，故访问千人次数目为18万除以360，答案为500千人次，即50万人次。

59. C。理由：CPC（Cost Per Click—Through）的收费标准是按千人次点击成本计算，2006年访问量约为500万人次，其中10%会点击广告，因此实际点击人次为50万人次，即500千人次，每千人次点击成本为10元，故总成本为5 000元。

60. D。理由：网络信息鱼龙混杂，有的免费，有的需要购买；受技术和各方面因素制约，各搜索引擎也不可能将网上所有信息按用户要求搜索出来。

（二）问答题

1. 答：时效性强；准确性高；便于存储；加工筛选难度大；传播范围广；类型多、范围宽、用途广。详细内容参阅教材。

2. 答：准确性；及时性；适度性；经济性。详细内容参阅教材。

3. 答：分类搜索引擎的优点是借用人工将信息系统地分门别类，符合传统的信息查找方式，因而导航质量高；缺点是维护量大、信息更新慢、信息库存有限。全文搜索引擎的优点是信息库存大、更新及时、查询全面而充分；其缺点是可供选择的信息太多，而且提供的查询结果重复链接较多。元搜索引擎的优点是返回结果的信息量更大、更全；缺点是用户需做更多的筛选，而且比较大的搜索引擎一般不愿成为其他元搜索引擎的合作对象。

4. 答：常用的网上收集商务信息的方法有：利用搜索引擎、电子邮件、BBS、HTML表单、专用数据库、新闻组、专业调查公司、网上问卷调查、博客日志（BLOG）、ICQ、CHAT等收集商务信息。详细内容参阅教材。

5. 答：常用的网上发布商务信息的方法有：利用网上信息发布平台、邮件列表、群发邮件、ICQ、CHAT、专门的商务信息发布系统、交换链接、网络广告、BBS、USENET、BLOG等发布商务信息。详细内容参阅教材。

6. 答：与（&、+）、或（|、or）、非（-、not）、位置（near/n）、截词（?、*、#）等。详细内容参阅教材。

7．答：筛选、确定信息来源、添加文件名、分类四个阶段。

8．答：跨越时空、个性化、互动性、经济性。

9．答：网上调研、信息传播、在线销售、服务顾客、销售促进、顾客关系、网站推广、网络品牌。

10．答：网络整合营销理论认为，网络营销需要从顾客需求的角度出发，以4C's（Consumer's wants and needs、Cost to Satisfy wants and needs、Convenience to buy、Communication）理论为基础，在满足消费者需求的前提下争取企业利益的最大化。该理论始终体现了以顾客为出发点及企业和顾客不断交互的特点。

11．答：软营销的主动方是消费者。随着生活品质的提高，个性化消费需求的回归使消费者在心理上要求自己成为主动方，而顾客通过网络可以很轻松地足不出户就能广泛地挑选商品，消费者将拥有比过去更大的选择自由，他们可根据自己的个性特点和需求在全球范围内寻找商品，不受地域和时间的限制。因此，在网络营销中，消费者可以真正掌握主动性，网络营销必然是"软"营销。

12．答：在线商店模式、企业间网络营销模式、中立交易平台模式、网上采购模式、战略联盟模式、网络招投标模式、网络拍卖模式、电子邮件营销模式、门户网站模式、专业网站模式等。

13．答：主页式、企业黄页式、网页嵌入式、横幅式广告、按钮式广告、邮件列表广告、墙纸式广告、电子邮件式广告、竞赛和推广式广告、插页式广告、互动游戏式广告等。

14．答：CPM的收费标准模式、CPC的收费标准模式、CPA的收费标准模式、平均点击次数收费模式、按月收费模式等。

（三）操作题

1．操作提示：可以点击分类搜索引擎，如搜狐"搜索引擎" >"公司" >"服装"栏目进行查找；也可以在Google或Baidu等全文搜索引擎中搜索关键字"生产服装"，在搜索项中选择合适的进行查看。

2．操作提示：可以在Google或Baidu等全文搜索引擎中搜索关键字"深圳+三星级酒店"，在搜索项中选择合适的进行查看；也可以点击分类搜索引擎如搜狐"生活服务" >"预订服务" >"酒店预订" >"深圳酒店预订"栏目进行查找。

3．操作提示：可以在Google或Baidu等全文搜索引擎中搜索关键字"中国钢铁"，在搜索项中选择"中国钢铁网" >"钢厂价格"进行查看。

4．操作提示：在Google或Baidu等全文搜索引擎中搜索关键字"中国出口贸易网"，在搜索项中点击"中国出口贸易网"；然后在"中国出口贸易网" >"搜索"栏目中输入"2006中国外贸形势展望"，选择搜索范围为"所有信息"，点击"搜索"，如图3-3所示；在搜索出的页面中点击"2006中国外贸形势展望"链接；将显示出的网页另存在D盘的"环境研究"文件夹下，注意在另存时要将标题改为"2006中国外贸形势展望"。

图 3－3　中国出口贸易网主页

5. 操作提示：如上题先登录“中国出口贸易网”，五金、刀具属于“机械五金”类，点击“机械五金”，在所显示的页面寻找合适的信息；再如此类推登录“中国进出口贸易网”进行操作。

6. 操作提示：先登录阿里巴巴中国网站（网址应熟记），下载安装“贸易通”（此处不作专门介绍），点击“注册会员”，如图 3－4 所示；按所显示的注册会员页面正确填写相关注册信息并提交，如图 3－5 所示；注册成功后显示如图 3－6 所示页面；按要求打开注册时所登记的电子邮箱，并激活会员账户，如图 3－7 所示；激活成功后显示如图 3－8 所示页面；用注册会员名和密码登录“贸易通”，如图 3－9 所示；登录贸易通成功后显示个人页面，点击右上角“发布商机”，如图 3－10 所示；然后在所显示的页面左上角点击“新建信息”，如图 3－11 所示；在如图 3－12 所示新页面按照信息发布指引要求分别填写相关信息发布供求信息。

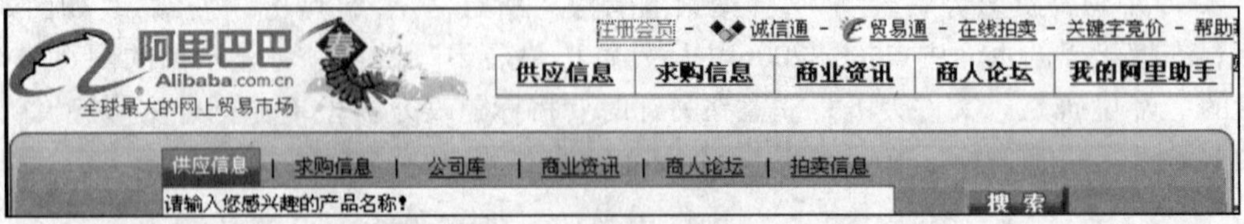

图 3－4　阿里巴巴中国网站主页

图 3－5　阿里巴巴注册会员页面

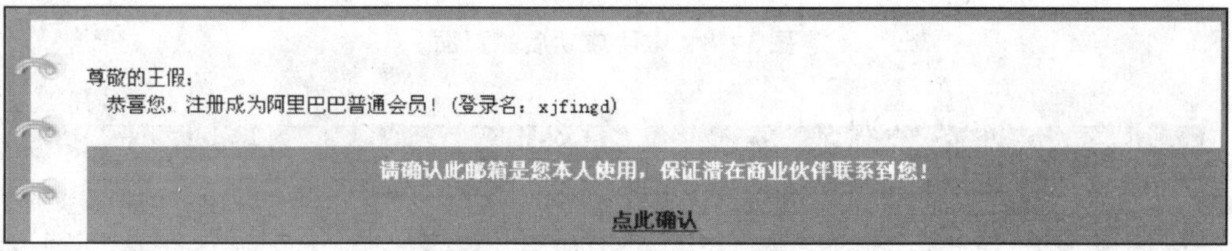

图 3－6　会员注册成功页面

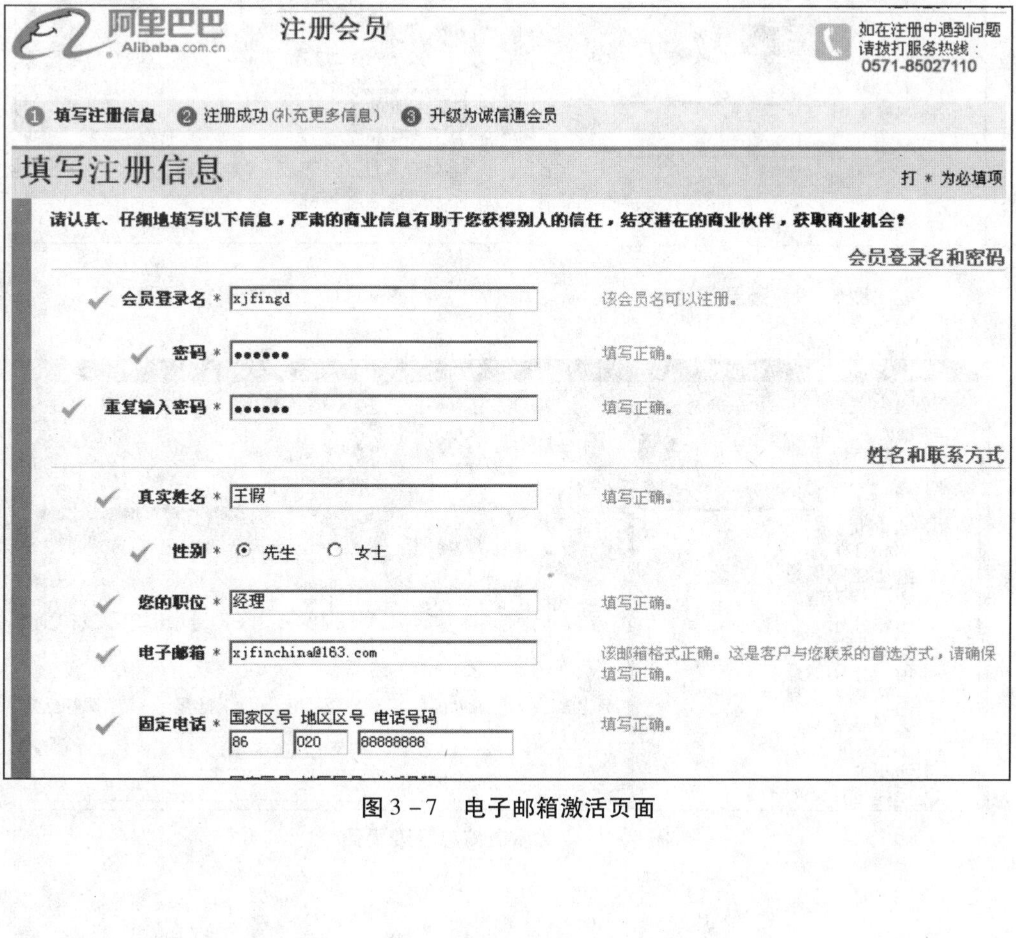

图 3－7　电子邮箱激活页面

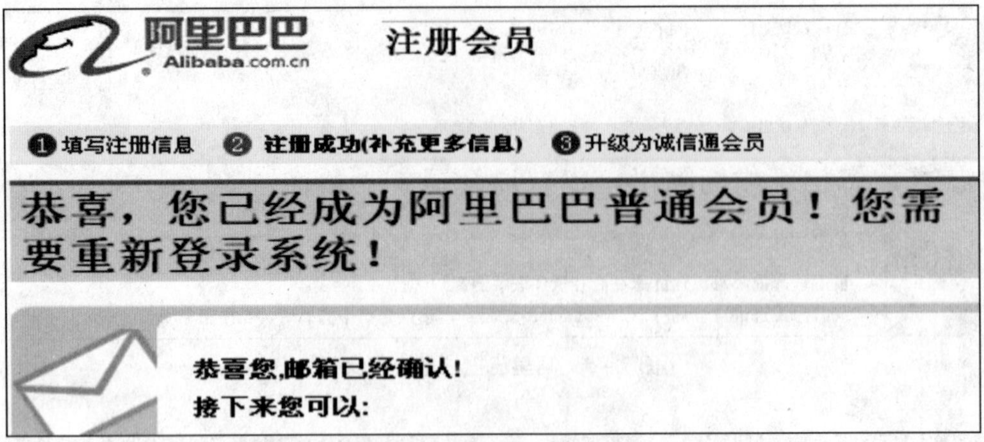

图 3－8　激活成功后的页面

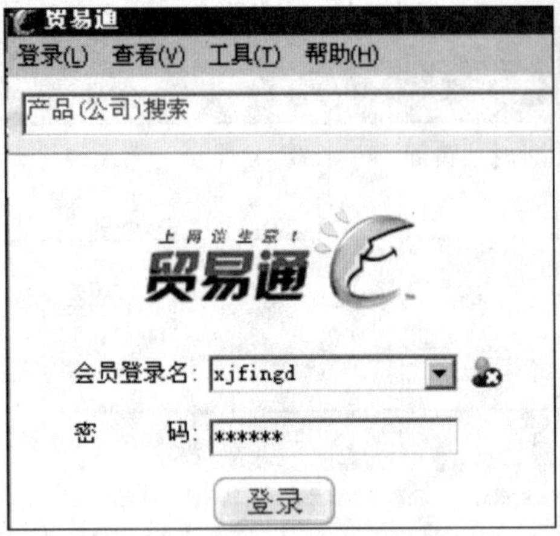

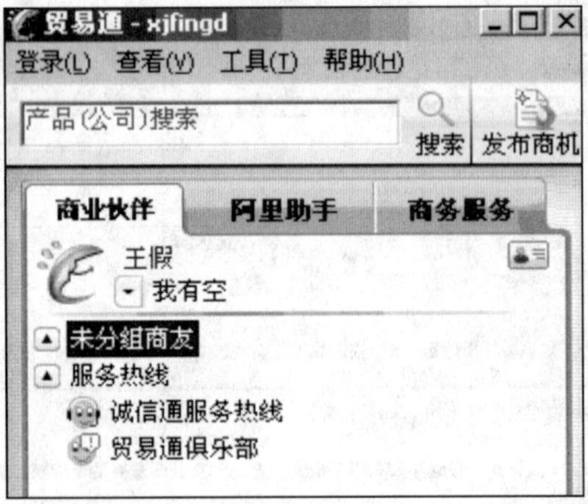

图 3－9　登录贸易通　　　　图 3－10　贸易通个人页面

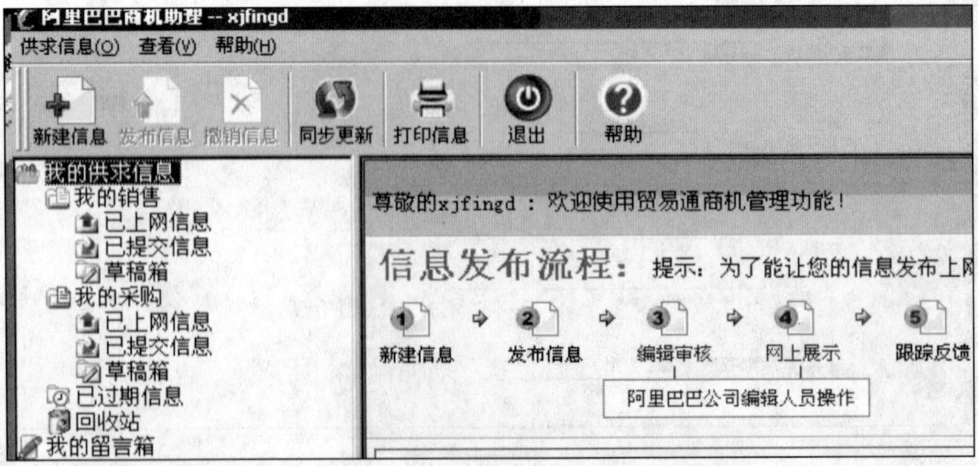

图 3－11　贸易通信息管理页面

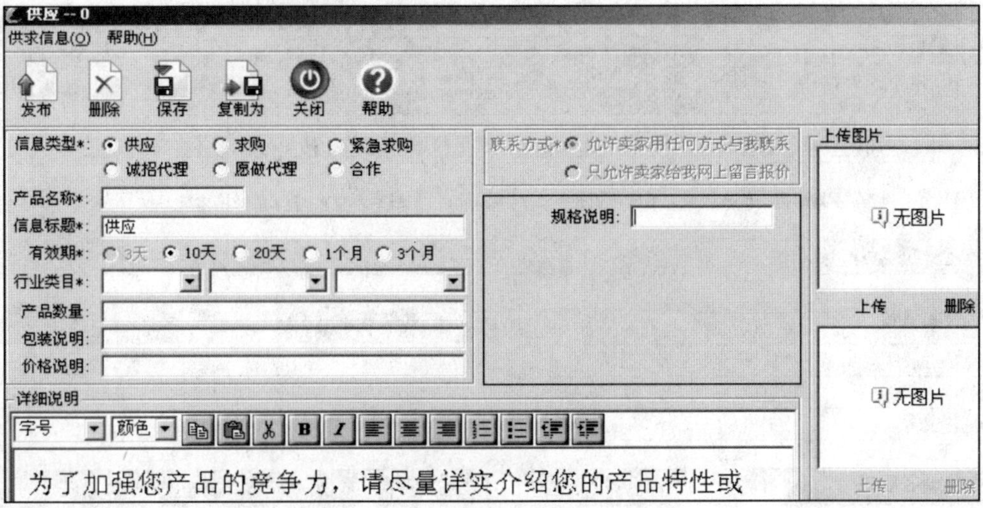

图3－12　在贸易通发布信息页面

7. 操作提示：先登录中国营销传播论坛，点击“新用户注册”并注册成会员（此步骤请自己完成，此处略）；以会员身份登录后，出现如图3－13所示页面；在该页面点击“讨论区目录”＞“营销大本营”＞“出口营销”，显示如图3－14所示页面；点击其中你感兴趣的话题（比如第一条话题），在显示的页面中选择某会员的发言进行“回复”，如图3－15所示；在新的页面撰写回复内容，如图3－16所示；撰写完毕点击“继续”按钮，则回复成功，此时可看到你的留言已经自动上传至论坛，如图3－17所示；回到图3－14所示页面，点击“发新贴”，再依照上述步骤发表自己的原创观点。

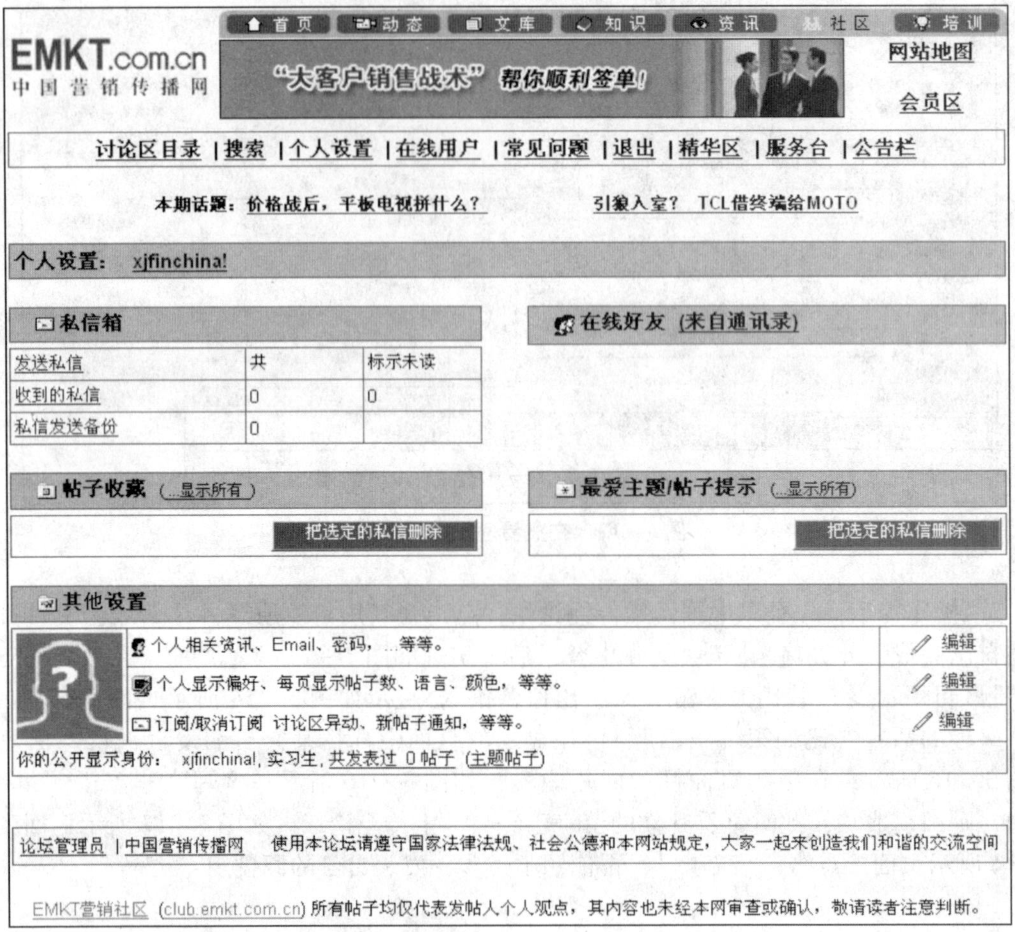

图 3－13　中国营销传播论坛会员管理页面

图 3－14　中国营销传播网"出口营销"论坛页面

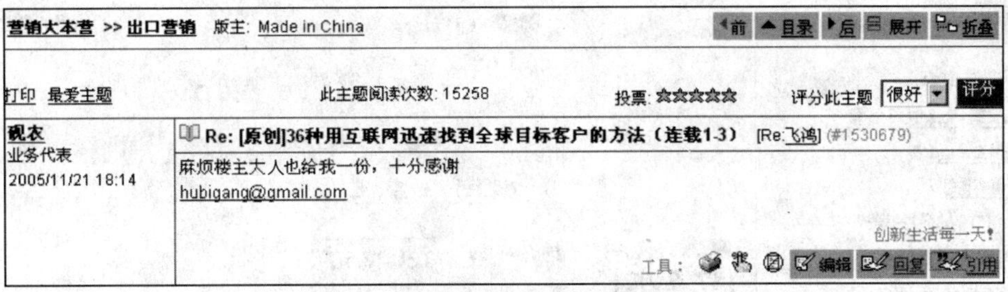

图 3－15 选择论坛发言进行回复

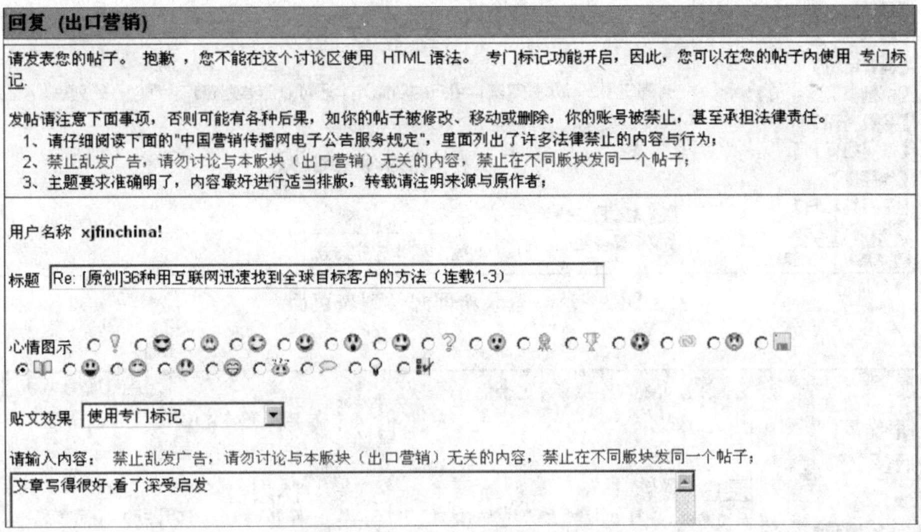

图 3－16 撰写回复内容

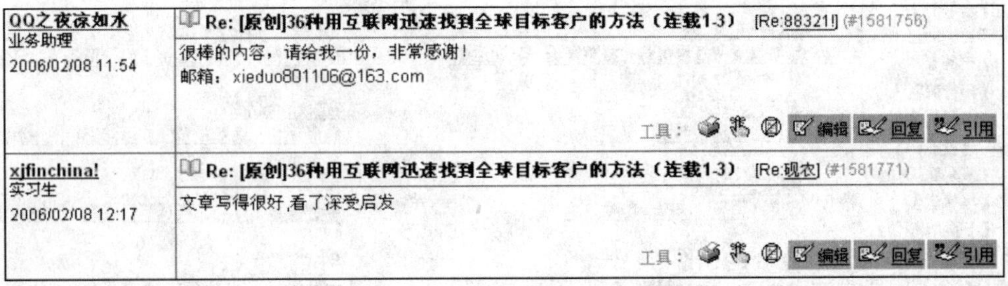

图 3－17 回复内容成功

8．操作提示：新用户订阅邮件列表只需：登录希网注册成为希网用户（网站发出的注册确认信需在第二天才能收到）；注册成功并激活会员身份后再登录希网用“e-mail”和“密码”登录，成功后如图 3－18 所示；点击页面上方的“订阅”按钮，出现如图 3－19 所示页面；点击“商业机会”，在出现的页面中选择喜爱的杂志；点击“订阅”后再确定即可，如图 3－20 所示。高级用户（需具有收费邮箱）创办邮件列表只需：注册成为希网高级用户；登录希网；创办、管理邮件列表；在线发送杂志。具体操作过程略。

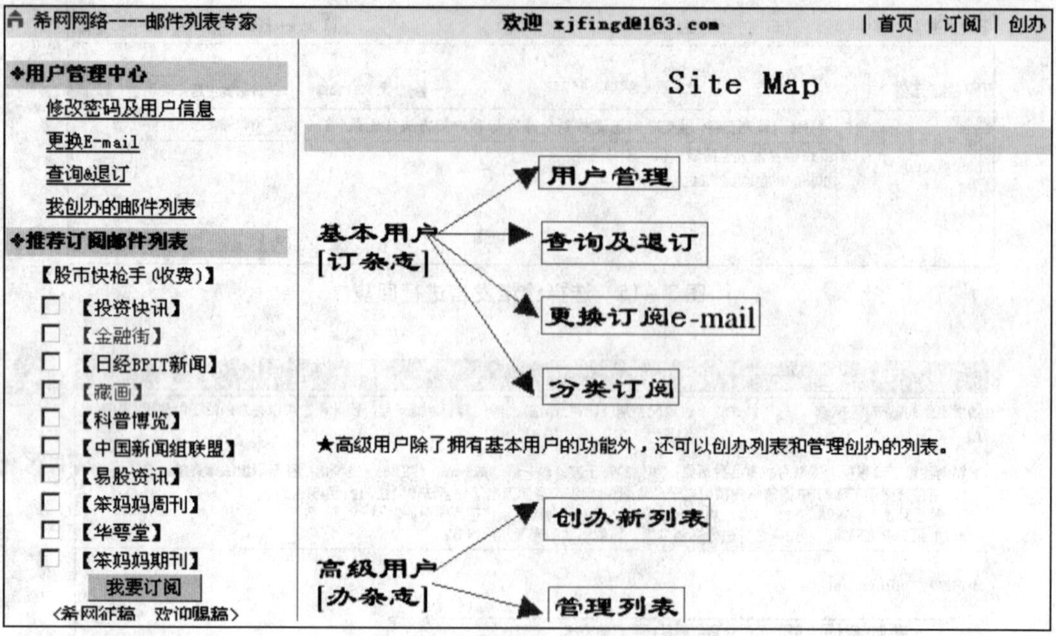

图 3－18　登录希网邮件列表页面

图 3－19　邮件列表分类页面

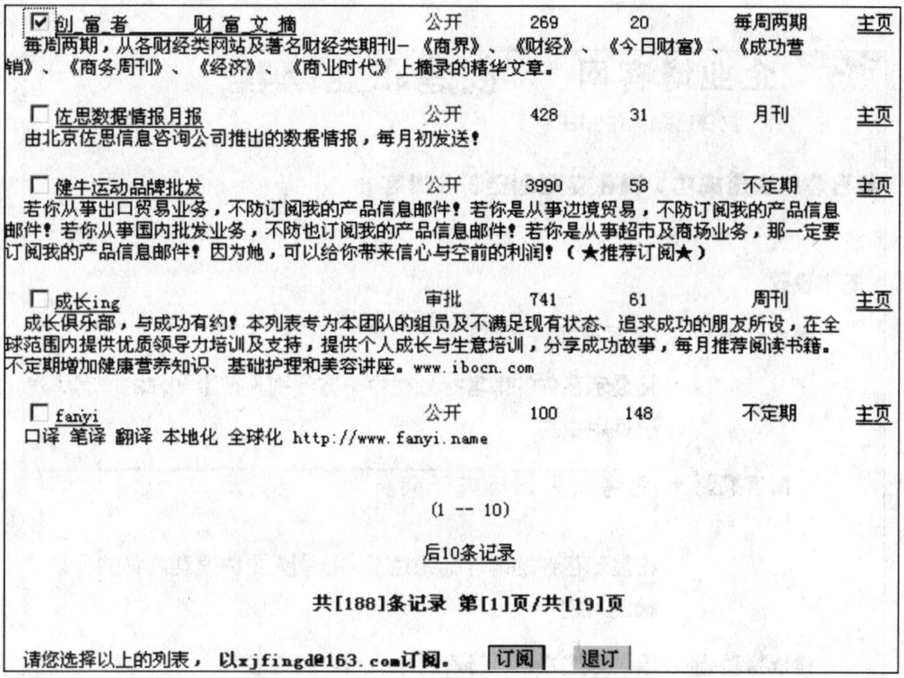

图 3－20　订阅邮件列表中的电子杂志

9. 操作提示：参考教材相关内容，逐一登录各网站，对各网站的功能进行试操作，尽量熟悉各网站的特点。

10. 操作提示：登录博客公社，点击“企业博客网”→“企业博客”→“注册”，填写注册信息，如图 3－21 所示；成功注册后先创建职业博客，如图 3－22 所示；创建职业博客成功后点击“开通职业博客”，如图 3－23 所示；在新弹出的页面中填写企业博客注册信息，如图 3－24 所示；注册成功则可以继续完善自己的企业博客内容，如图 3－25 所示。

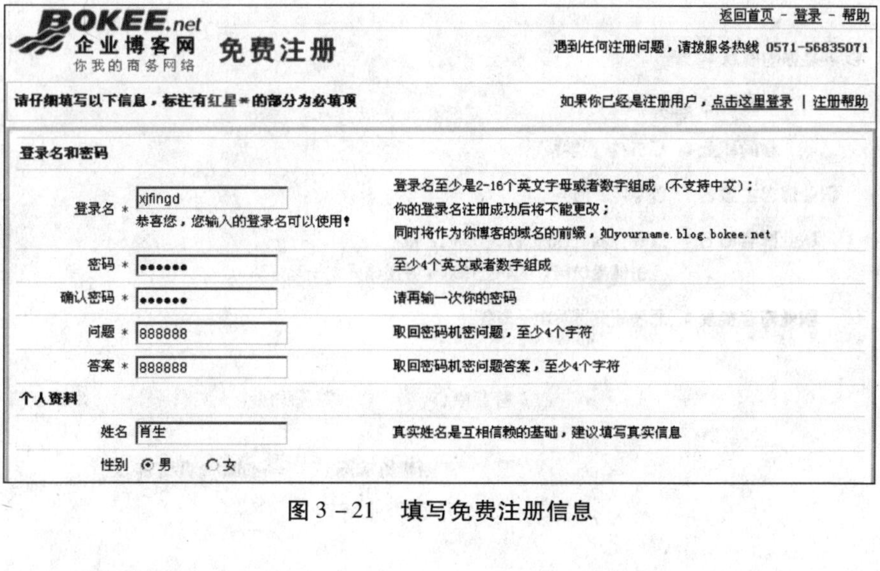

图 3－21　填写免费注册信息

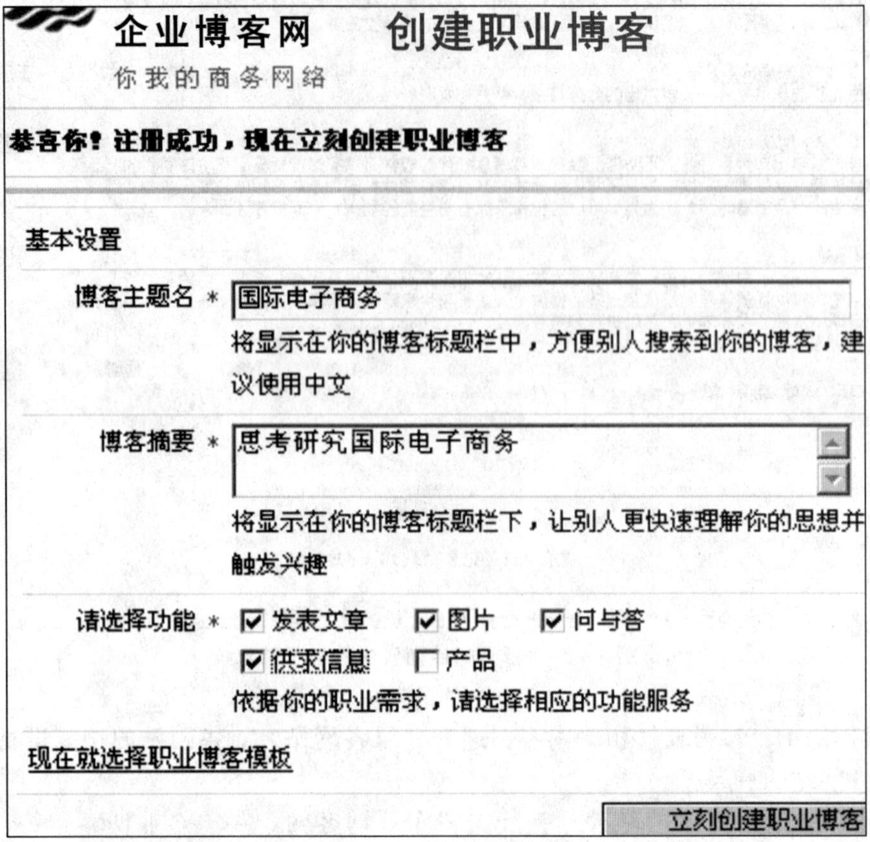

图 3－22 创建职业博客

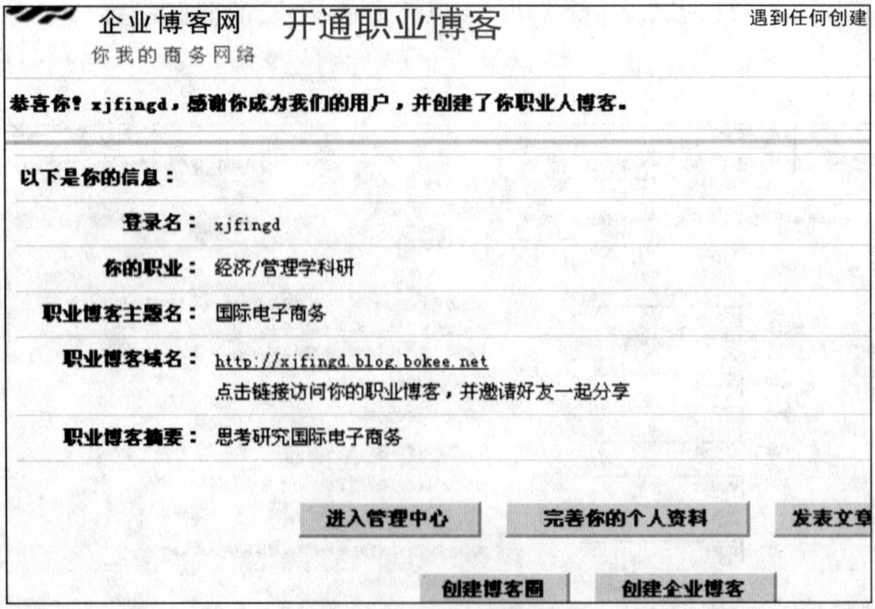

图 3－23 开通职业博客

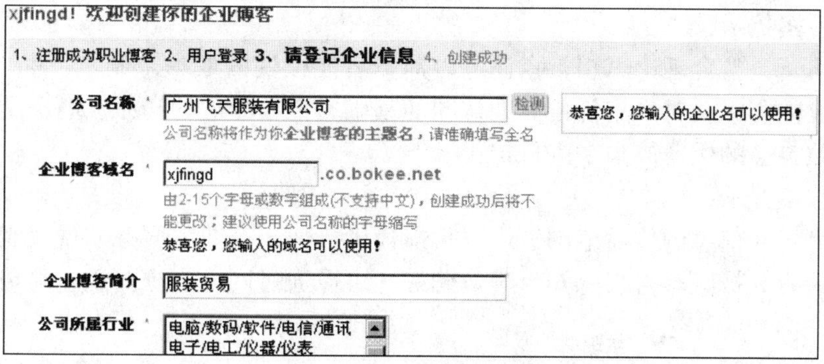

图 3－24 注册企业博客

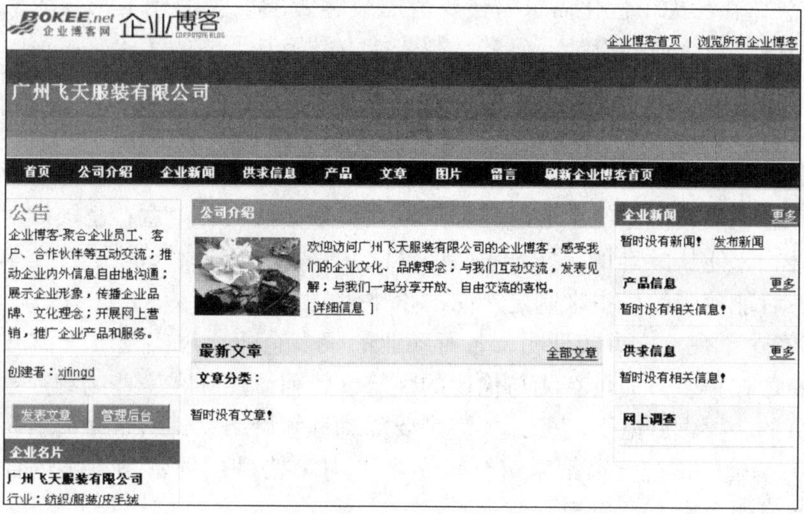

图 3－25 企业博客页面

（四）案例分析题

案例 1 答案提示：

1．郭元强生意成功的主要原因是充分利用了网络发布和采集商务信息，大大扩展了商业机会。

2．参阅教材“商务信息采集和发布方法”这部分内容。

案例 2 答案提示：

1．群发邮件。

2．垃圾邮件容易引起受众反感和法律诉讼，应注意防止滥发，防止传播虚假伪劣信息，并要注重网络礼仪。

案例 3 答案提示：

1．在搜索引擎注册网站，本企业网站，信息发布软件，知名商务网络平台，群发邮件，等等。

2．大的全文搜索引擎搜出的信息量大，顾客的时间和忍耐性有限，只有在搜索引擎的搜出项中排位靠前，才能有较多的机会被顾客浏览企业网站。

案例 4 答案提示：

符合网络营销整合理论思想，企业应以消费者能接受的成本来制定产品的价格策略，在掌握消费者的需求及对产品价格标准认同的基础上推出合适的产品，而不是从自己的情况出发，按照自己的生产成本来进行定价。

案例 5 答案提示：

在网络世界，信息的传播范围极广，传播速度极快，企业的服务质量代表着企业的整体形象，它最容易被顾客直接感知，其口碑好坏可以通过网络广泛而迅速地传播给全球顾客，并影响他们的购买选择。

案例 6 答案提示：

1. 跨越时空，个性化，互动性，经济性。

2. 不同意，在考虑个性化需求时还要考虑顾客所能承受的成本，一般来说，个性化产品的成本很高，对企业的设计、生产、制造能力是极其严峻的考验，顾客一般不愿承受相应的高昂成本，因此，在现阶段，大多数行业的个性化定制产品应以一定批量为前提。

案例 7 答案提示：

1. 张阿姨目标市场定位准，对顾客的需求把握准，一切经营活动均围绕目标顾客的需求转，服务意识强，讲诚信，通过和客户建立关系做回头客生意；王阿姨对目标顾客的需求把握不准，未能从顾客的需求出发制定自己的产品策略，未能突出顾客的个性化特征，未以消费者能接受的成本来制定产品的价格策略。

2. 不同意这个观点，事实证明，各行各业的很多企业通过实施电子商务已经取得了成功，电子商务在很多方面具有无与伦比的优势，目前虽然存在一些制约因素，但均是可以克服和解决的。要做好电子商务，关键是要深刻理解网络营销所带来的新特征，真正建立从以 4P’s 为基础的传统营销策略组合转变到以 4C’s 为基础的营销策略组合体系，牢固树立从顾客出发服务顾客的思想。

第四章
网上交易磋商和电子合同

一、练习题

（一）单项选择题

1．“商务谈判三步曲”的步骤与原则是（　　）。

A．申明价值—创造价值—克服障碍

B．克服障碍—创造价值—申明价值

C．创造价值—申明价值—克服障碍

D．克服障碍—申明价值—创造价值

2．双方彼此沟通，申明各自的利益所在，并了解对方的实际需要属于网上交易磋商的（　　）阶段。

A．估计价值　　B．创造价值

C．克服障碍　　D．申明价值

3．谈判中双方想方设法去寻求更佳的方案，为谈判各方找到最大的利益，这一步骤就是（　　）。

A．估计价值　　B．创造价值

C．克服障碍　　D．申明价值

4．在网上交易磋商中，好的谈判者（　　）。

A．固守立场，寸步不让

B．通过在双赢中追求自身价值的最大化

C．重感情，轻利益

D．与谈判对手针锋相对，实现自身利益

5．书面合同的内容分为三部分，其中不包括（　　）。

A．约首　　B．本文

C．约尾　　D．附言

6．在书面合同的（　　）部分说明合同的生效时间等内容。

A．约首　　B．本文

C．约尾　　D．附言

7．有关电子商务合同的说法，不正确的是（　　）。

A. 电子商务合同也适用合同法的基本原理和规则

B. 电子证据不具备法律效力，在法律诉讼中不予采信

C. 表示合同生效的传统签字盖章方式在电子商务合同中被数字签字所代替

D. 采用数据电文形式订立的合同，接收人的主营业地为合同成立的地点

8. 目前，网上交易洽谈的方式不包括（　　）。

A. 电子邮件　　B. 网站表格及商务单证

C. 传真　　D. 网络即时磋商软件

9. 以下属于交易双方即时洽谈的商务磋商方式是（　　）。

A. 电子邮件　　B. 网站表格及商务单证

C. BBS　　D. 贸易通

10. “贸易通”即时通讯网络软件，集成了（　　）的商务沟通和客户管理功能，是商人网上贸易的必备工具。

（1）即时文字

（2）语音视频

（3）邮件

（4）手机短信

A. （1）（2）（3）（4）　　B. （1）（2）（3）

C. （1）（3）（4）　　D. （2）（3）（4）

11. 以下对电子合同理解正确的是（　　）。

A. 我国《合同法》规定，书面合同形式不包括数据电文形式

B. 由于信息的传递具有网络化、中介性、实时性等特征，故电子合同比传统合同具有更大的安全性

C. 数据电文手段包括但不限于电子数据交换、电子邮件、电报、电传或传真。

D. 以电子邮件方式订立的合同比以电子数据交换方式订立的合同的安全性强

12. 以下有关电子合同法律效力说法正确的是（　　）。

A. 电子合同不具备书面效力

B. 在我国，可靠的电子签名与手写签名或者盖章具有同等的法律效力

C. 在我国，电子合同的生效时间为其发送成功时间

D. 在我国，民事活动中的合同或者其他文件、单证等文书，不得使用电子签名

（二）简答题

1. 在商务谈判中，为什么要首先申明价值？
2. 国际交易磋商的程序一般包括哪几个环节？
3. 在国际贸易电子商务中，为什么常使用电子邮件来进行交易磋商？
4. 在国际电子商务中，常用的网上交易洽谈方式有哪几种？
5. 简述电子商务合同与传统商务合同的关系。
6. 与传统商务合同相比，电子商务合同有哪些突出的特点？
7. 电子证据需要审查的环节主要包括哪几个方面？
8. 电子证据的取证方式主要有哪些？

（三）操作题

1. 你是广州市××有限公司的业务代表王假，公司从事服装进出口业务，通过你在阿里巴巴网站已注册的会员身份（上章已完成），利用贸易通寻找1～2位贸易伙伴（可找同学）洽谈生意。

2. 在淘宝网（www. taobao. com）上注册成会员，并下载淘宝旺旺，进行安装后，通过淘宝旺旺寻找1～2位贸易伙伴（可找同学）洽谈生意。

3. 美国某小客户发来电子邮件（假设邮箱为abcdef 88@ yahoo. com），希望向你索取公司样品，由于你们之间的生意往来太少，为尽量避免损失，你决定通过常用电子邮箱客户端软件Foxmail写一电子邮件，向客户委婉说明公司面临负担大数目快递费用的困扰，如果客人愿意为公司分担快递费的话（例如提供到付账号），将是对公司工作极大的支持。请完成以上操作。

4. 阿里巴巴于去年收购了雅虎中国，请你在雅虎中国注册一个电子邮箱，并在阿里巴巴网站中下载雅虎通，安装后登录，尝试利用雅虎通与人进行商务洽谈（可与同学进行）。

（四）案例分析题

案例1

甲和乙为分一条大鱼吵来吵去，最终达成了一致意见，由甲负责将大鱼剖成两半，而由乙先挑选。结果，甲把半边鱼拿到家后，由于只喜欢吃鱼肉而不吃鱼头，便把鱼头扔掉，只将鱼肉蒸来吃。乙把半边鱼拿到家后，由于只喜欢吃鱼头而不吃鱼肉，便把鱼肉扔掉，只将鱼头蒸来吃。

案例问题：

1. 你认为甲和乙是合格的商务谈判人士吗？为什么？

2. 如果你是甲或乙，你会怎样做？

案例2

2005年9月11日上午10点，淘宝网第二届网商大会之十大网商揭晓，淘宝店主李伟——金星汽车用品商城有幸进入十大网商之列。据了解，李伟初中毕业之后先在一家汽车用品店当学徒工，三年后开自己的实体店。认识淘宝之后又放弃实体店，专营网络店。下午，网商大会开场之前，记者对李伟进行了专访。

记者：你是在淘宝开店的吧？听说你初中毕业后先去做的学徒工，能否介绍下你的工作经历？

李伟：我初中毕业之后专门学技工的，以前不是学电子商务的，是学切磨技术的。

记者：刚开始是到学校去学还是跟着师傅做学徒工？

李伟：在一家汽车用品店当学徒工，学了三年掌握技术后，开始自己开了个小店，做汽车装饰的。

记者：你才多大，就有胆量自己开店，家里支持你吗？

李伟：是的，家里支持，开始差不多用8 000块钱，家里支持12 000块钱，借的，开始做我的汽车用品小店。然后感觉这样做得很累。赚钱的速度也很慢。差不多花三年的时间开的。

记者：你开实体店开在哪里的？平均一个月的营业额及利润有多少？

李伟：差不多不到一万块钱，也就是有时候八九千块钱，有时候万把块钱。很辛苦但一个月纯利润也就一两千块钱。而且我还背负一万多块钱的债务，花一年多时间才还清。而且有货品积压下来，实体店就放一个小小的区域，只能负责这么小小的范围，后来我们接触到网络了。

记者：一开始你就懂电脑，会操作吗？最早你什么时候认识淘宝的，你听朋友介绍的吗？

李伟：是的，听朋友介绍的。当时是免费的，然后业内的朋友就介绍啊，说那里有一个免费的网站可以发布一下信息，然后就把积压品拍卖出去，对我来说就感觉到很新奇。

记者：又不要钱的，又卖掉东西了，你当时在这个网上定的这个价格跟店里的价格有没有差别，运费怎么算的？

李伟：实体店的价格和网上的价格差不多，但网上的稍微低一点。运费都是客户买单的。这基本上是网上购物的规矩了。

记者：那你的客户主要是附近的还是全国各地的？

李伟：全国各地的。

记者：那你开实体店是多大范围？

李伟：都是小区域范围内的。到网上之后客户就遍布到全国了。

记者：如果跟你离得很远的人买东西，他不了解你的信誉，也没看到产品更不知道质量好不好，他为什么要相信你？

李伟：开始是最艰苦的，这是肯定的，每个人创业开始三个月都是非常辛苦的，你在最开始尝试的时候你会定价稍微低一点，或者多做一元起拍，让顾客很低可以买到，或者顾客觉得受骗也无所谓，比较便宜，买了之后建立信任度。

记者：也就是说在网上开店刚开始为了积累自己的信誉，宁可价格低一点？

李伟：我基本就是一元起拍，拿一些不太贵重的东西参加一元拍。一元拍给我带来很多客户，名气也大起来。

记者：我觉得这样还是比较危险的，万一别人真的一元拍去了，你不就赔钱了嘛！

李伟：这个能吸引比较多的人气，相当于花小钱做广告。即使赔钱也赔不了多少，投入与产出是成正比的。很多时候，淘宝上的商家真的是在亏本卖的，只是为了吸引人气。

记者：那在淘宝开你们这样汽车用品店的应该很多吧？

李伟：很多啊，现在已经好几页了。

记者：你认为你与其他的商家相比有什么优势？

李伟：我有绝对的优势，第一是货源的优势，我们的货源非常充足，并且我们和厂家、代理商有很好的合作关系。第二个是团队的合作、协作关系很好，这些方面都很好了。我们有5个人在做，目前我负责新产品开发及采购。

记者：我感到奇怪，为什么开店的人这么多，但你一下子在淘宝上名列第一，在这么多店里脱颖而出，很想知道你们宣传推广方面有没有什么技巧，就是你怎么脱颖而出的，就比如我为什么能认识你，为什么你能参加今天的网商大会，肯定你有自己的经验和技巧吧？

李伟：首先你决定做这个事情的时候，你一定要下定决心去做，其实我们取得初步成功的时候，开始是初步成功，成功后我们还卖其他的东西。我们也卖过衣服之类的，紧接着我们失败了，不是我们的团队不好，是我们不了解货源，就是说不喜欢卖衣服，没有感觉，就是要卖自己喜欢的东西，要有感觉的东西，这样才卖得好。推广方面我们经常搞一些活动，比如一元拍。或者低于市场价卖东西。如促销像数码相机的话，市场价1 000块钱，我可用850块这样卖。

记者：你觉得只要价格低就会有客源？

李伟：对，只要促销不亏本就可以做，促销已经非常便宜了，市场价如果2 000块钱，你进价就只有1 600块钱，1 600块钱那就有优势了。

记者：比如检索出来好几页，为什么选你呢？除了价格方面的优势？

李伟：除了价格方面的优势之外还有图片和详细介绍，还有你对这个产品的理解程度，像淘宝有旺旺即时通讯，他随时会问你一下，如果答不上来的话就很被动了。

记者：这就是经验啊。那你放弃实体店之后你觉得可惜吗？

李伟：实体店其实我刚走的时候没有彻底放弃，第一步计划我让人留守在湖北，我专门带个同事，在广东。

记者：你为什么选择去广州，在淘宝上开店又不需要选择地点，自己家里都行。

李伟：交通是一个优势，湖北物流不发达，还有货源没有广东这边的丰富。

记者：你是找物流和货源发达的地区，所以你选择了广东。虚拟的店和实体店相比你觉得各自有什么优缺点？

李伟：虚拟的店主要是全球市场，只要你的产品好，服务好，生意一定是可以无限扩大的，现实店辐射的范围小，湖北的东西想要卖到上海，现实店不可能的，只有借助网络才可以做到，虚拟店最大的缺点就是不能面对面建立一个信任关系，但是支付宝已经解决这个问题了。

记者：照你的意思，实体店不用开。大街上的店铺都关门上淘宝好了。

李伟：实体店可以做一个展示，就像卖衣服要看面料，图片只是平面图。而且有本地的客户也会要求来看的。

记者：你目前所有的产品的价格跟其他的网上的产品价格比起来怎么样？有没有优势？跟实体店比呢？价格上怎么样？

李伟：我们网店的经营方针坚持不比别人高，我们也坚持不比别人低。比实体店肯定要低一些，没这个优势，大家都不会上网买东西了。对客户来说，如果在实体店数码相机是2 800块钱，虚拟店的也是2 800块钱的话，那他肯定要到实体店去买的。

记者：利润的话你觉得实体店高还是网上高？

李伟：到目前为止来说，实体店高一点，但我们有办法补偿，现实店是两到三个批发商的分区，我们网上基本上是直接到厂家去的，我们直接到厂家再到消费者，有好几级渠道，这样我们创收利润就有优势了。

记者：现在你们相当于小贸易公司了，有没有注册公司？在淘宝上开店不需要注册公司吧？

李伟：没有注册，但是我们沿用了湖北的执照，我们湖北的现实店没有垮掉，是交给我爸爸在管理。在淘宝上开店不需要注册公司，国家目前没有强制政策。

记者：如果有一天，政府突然下令在网上贸易也要交税，你觉得这个能不能接受？

李伟：这个肯定能接受，有收入就应该要适当地纳税，因为你有收入嘛！不过，政府现在比较支持电子商务，它还是个新生事物，政府不会打压的。即使要交税也是两三年之后的事了。现在我们也会适当交一点税。主要是怕牌子做大后形象受影响。淘宝上的卖家都很重视自己的信誉。

记者：你开店有两三年了吧，这中间有没有退货的记录？如果碰到退货你是怎么处理的？

李伟：我们退货率是很高的。差不多一天一个退货。但是到现在我们还没有收到一个差评。这是个特殊的行业，有两百多种，不可能每个产品都适合每种车型，有时候，我们不可能百分之百地理解客户的需求，觉得可以就发过去，发过去他觉得不合适的话就要退过来，哪一个产品都不可能有百分之百的合格率，即使是厂家的失误也是由我们来承担的，退货等服务我们是要做好的，我们是要做零差评。

记者：你们这么多退货，目前还是保持零差评？那你们需要花费多少精力处理这些事情？零差评意味着有多少客户给你们好评？

李伟：客户服务是非常重要的，没有好的客户就不要做网络，这很简单。淘宝上的卖家很重视自己的信誉。几乎到达苛刻的程度。

李伟：前天我们升成四钻了，以前是三钻。这意味着有两千多个用户与我们发生交易并对我们做出过好评。

记者：淘宝的卖家越来越多，你的同行也就越来越多。以后有没有什么打算，来保证你的竞争优势？

李伟：现在同行竞争是低层次的竞争，就是价格战，就是最低状态竞争，高状态的竞争就是服务的竞争、形象的竞争、品牌的竞争，就像金星汽车用品商城，基本上是一个品牌了，虽然不是很响，已经是一个小品牌了，我们还要做一下形象方面的工作，我们在广州专门租了写字楼和展厅，这样客户对我们的信任度会大大提升的。

李伟的获奖感言："非常感谢阿里巴巴给我这个机会，我觉得支付宝非常好，我现在的成功证明我放弃实体店选择淘宝网是非常正确的，今天有点激动（掌声），在淘宝网我觉得非常适合小本创业，如果选择小本的经营者可以选择淘宝网，如果要做大，提升经营状况就选阿里巴巴。我们现在是一个团队，专门经营淘宝网，非常感谢淘宝网提供给我们这么好的创业平台和购物平台，谢谢！"

案例问题：

1. 作为职业院校的毕业生，谈谈从李伟的成功中你得到了哪些创业启发？

2. 淘宝网是如何实现买主与卖主之间的商务洽谈的？

3. 在现今的电子商务环境中，你认为在淘宝网上选择交易对象时应注意哪些问题？

4. 李伟认为要卖自己喜欢和有感觉的东西，这样才卖得好，你同意其观点吗？为什么？

5. 为什么李伟在交易达成后，还要花较高的代价处理退货问题？

6. 通过研究本案例，你认为在网上开店应注意哪些问题？

案例 3

众所周知，浙江天台是全国最大的产业用布生产、销售集散地，被称做“中国过滤布名城”，现拥有产业用布生产企业 300 多家，西南滤布厂就是其中具有代表性的一员。

从 1990 年创办时只拥有 5 台老式机器开始，到如今成为世界上专业生产高品质合成纤维布的主要制造商，固定资产 2 500 万元，拥有先进现代化织机 70 台，年产优质工业用布 1 000 万平方米。西南滤布厂的快速成长吸引了越来越多的目光，人们不禁要问：他们靠什么取得了如此快速的发展？

西南滤布厂的外贸业务员李小姐为记者解答了心中的疑问——

“在工厂成立初期，我们专做国内贸易，一直到前年才开始从事出口。刚开始我们遇到很多问题——由于产品的特殊性，参加展会对我们来说作用不大，不能为工厂带来足够的客源，因此如何寻找海外买家，成为困扰企业的大问题。

参展行不通，我们只有另辟蹊径——到网络中寻找客源。刚开始就像大海捞针，作为外贸专员，我每天都要在网上搜索买家信息，方法就是机械地在搜索引擎中输入关键词，然后浏览买家资料，遇到合适的买家，就主动发去邮件询问是否有合作意向。不可否认，这样做有点盲目，收到的效果也并不理想，因此对于出口贸易刚起步的我们来说，面临着很大的挑战。

我们试图改变这种不利的局面，希望有一个专业的平台能提供我们所需要的海外买家资源，也能让他们了解我们的产品信息，并主动与我们洽谈。直到去年年初，通过朋友的介绍以及平时的了解，我们结识了阿里巴巴英文站，并在 3 月份正式加入了‘中国供应商’，事实证明，到现在为止在阿里巴巴网站的协助下，我们的出口贸易取得了不小的成绩。

让我印象最深的是一位来自越南的买家，并不是他主动寻找卖家，而是我们通过阿里巴巴英文站上的求购信息，搜索到这位客户，并给他发去邮件，提供了我们的产品类型、价格等资料。没想到很快就收到了他的回复，双方对这项合作都很有信心。经过二十天左右的洽谈，顺利地签下了 2 万美金的订单，虽然金额不多，但是这件事给我们触动非常大，对于供应商来说，并非一定要等买家找上门，也可以主动出击寻找买家，机会会更多。

有了阿里巴巴这个网络平台和贸易通工具，我们变得不再被动了。对于海外买家，我们有很大的空间可以选择，与此同时，更能主动寻找买家，这样使我们积累了更多的客源，相信这是一个长期合作的过程，如果利用好阿里巴巴这个媒介和贸易通工具，我们的发展会更迅速，规模会更大。”

案例问题：

1. 该案例中主要应用了哪些网上商务洽谈手段？

2. 有人说：“电子商务给从事国际贸易的企业插上了翅膀。”请联系本案例进行说明。

案例 4

某商贸公司在网上设立“8848 网站”，并设有网上购物交易平台，客户可通过电子订单、电子邮件等与其建立买卖关系。某科技发展公司系“8848 网站”的客户，于 2000 年

8月与某商贸公司曾通过电子邮件形式，就“以网上储值形式冲抵货款”达成过协议。2003年8月，科技公司向“8848”订购各类电脑产品价款70余万元，但科技公司在收取电脑后没有按约付款，于是商贸公司向法院提起诉讼，一审法院经审理，判决科技公司全额支付商贸公司货款70余万元。科技公司不服，认为自己与商贸公司已经协议确认，可以用14万余元的网上储值抵扣货款。该公司在公证处的监督下，从互联网上调取了有关电子订单、电子邮件，提出上诉。二审法院认为，科技公司提供的电子邮件，客观真实地反映出双方就结算问题达成的协议，最后，中院改判科技公司支付货款人民币55万余元。

案例问题：

1. 你认为二审法院采信电子证据有法律依据吗？
2. 为使电子证据被法院采信，应注意哪些问题？

案例5

2005年5月27日，张某通过手机发短信给生意伙伴王先生，短信中说：“我急需用钱，请你先预支货款3万元，并将钱汇到我银行卡里。”王先生随即将钱汇给了张某。一个星期后，王先生再次收到张某的短信：“你上星期汇的3万元预付款太少了，你再汇2万元吧。”王先生又再通过银行预支货款2万元。因都是短信来往，两次汇款王先生都没有索要收据。此后，因张某一直没提过上述预支款的事，而且也未向王先生发货，王先生产生了警惕，于是向张某催货。但一直索要未果，于是在2005年6月20日将张某起诉至当地法院，要求其发货或归还其5万元钱，并提交了银行汇款单存单两张作为证据。但张某虽承认收到王先生两次汇款5万元，但却坚称这是王先生归还以前欠她的货款。

案例问题：

1. 你认为在此案中，手机短信是否能作为证据？
2. 如何来确定短信的法律效力？
3. 你认为法院是否应对王先生的诉讼请求予以支持？

（五）课外阅读

作为外贸业务员，每天都会收到很多电子邮件（哦，你每天只有一封，那努力吧），那么你是如何管理和答复这些邮件的呢？

1. 如何识别真假询盘

你可能每天都会收到很多新的询盘，特别是如果你做了网络推广的话，但是其中有很多是无用或者虚假的询盘，如果是一个真的客户，你没有认真答复可能会失去，如果是国内同行，如果你发了详细的资料或者报价，将会泄露自己的信息，特别是技术设计比较高的行业，泄漏信息是十分不好的。所以识别真假客户是必要的。如何识别他们？

首先，查一下发件人的IP，方法是：右键单击收到的邮件，选择属性——详细信息，在里面你会看到几个IP地址，然后查询IP所属的区域，可以到ip. lk52. com这类网站查询，输入IP地址就可以知道来自哪个地区。

其次，如果你的网站有计数器，同时可以参考一下计数器里面的IP记录，看看是不是有这个IP浏览过你的网站；一般来说用国外代理服务器上国内工厂的网站比较困难，所以一般国内的是用真实IP上你的网站，发送邮件的时候可能会用代理服务器。用计数器还有一个好处，就是可以知道浏览你网页的是通过什么地方知道你的，他是点击 B2B 网站上面的链接，还是直接输入你的网站地址知道的呢？

第三，看看客户发来邮件的时间，根据时差判断客户发送邮件的时间，比如早上八九点从德国 IP 发送过来的邮件基本有问题。

第四，看看客户在邮件里面是否留了详细的联系资料，如果有网址，详细电话、传真、地址等，一般比较可信，对于资料不全的，可以问问他的联系资料，猜测有问题的，可以发送传真或者电话询问一下。打电话给客户会让客户觉得你比较重视他，哪怕只是说明一下收到了他的询盘，有利无害。

第五，分析客户询盘的内容，如果有具体的规格，详细的要求，这类客户比较有价值，如果只是笼统地要样本价格单什么的，比较没什么意义，至少短期没什么价值。对于使用 YAHOO，HOTMAIL 邮箱的询盘，多留心。

2. 如何撰写一封规范的邮件

（1）使用统一的信纸，最好有公司的商标，主要产品的图片类别等，很方便就可以做一个，网络下载的信纸不太适合商务使用。

（2）格式正确，统一，邮件主题合理，拼写无误，所有发给客户的邮件应该采用统一的格式。

①邮件主题最好有公司名称等，比如公司名称是 EXPORT，行业是 PLASTIC，这封邮件的内容是给一款产品报价，那么主题可以写 Export Plastic/quotation of item A。这样有一个好处，可以方便客户以及你自己以后查找给客户的信息，对于来往邮件很多的客户，开始的时候我往往要花很多时间去查找以前的报价以及其他资料，但是现在通过主题就很方便知道邮件大概内容是什么，节省很多时间。

②邮件正文两端对齐：对于段落很多的邮件，正文两端对齐会显得很整洁。

③第一封邮件最好写上 Mr. 或者 Ms. 某某，职位写 SALES MANAGER 等，不管你是不是经理，写上没关系，你职位高客户就放心，这对你有好处。

④落款有公司标识以及详细联系资料。

（3）版面整洁，在 OE 里面将撰写邮件的字体，字号（10～12 号比较好）都设置好，不要一会大字一会小字；也不要花花绿绿的，特别是不要全篇都是大写字母，会增加阅读的难度，让人反感。除非是对一些需要特别提醒客户注意的地方，可以用大写，加粗，特殊颜色等突出显示。

二、参考答案

（一）单项选择题

1. A。理由：在谈判的初级阶段，谈判双方彼此应充分沟通各自的利益需要，申明自身价值所在；在谈判的中级阶段，谈判双方需要想方设法去寻求更佳的方案，为谈判各方找到最大的利益，即创造价值；在谈判的攻坚阶段，谈判双方应努力破解谈判的障碍。

2. D。理由：谈判双方彼此充分沟通各自的利益需要，申明能够满足对方需要的方法与优势所在，这是申明价值阶段。

3. B。理由：谈判双方需要想方设法去寻求更佳的方案，为谈判各方找到最大的利益，即创造价值阶段。

4. B。理由：在商务谈判中，好的谈判者既要坚守自己的利益，又要设法为双方创造价值，在实现双赢的过程中努力扩大自己的利益。

5. D。书面合同包括约首、本文和约尾三部分。

6. C。理由：在书面合同的约尾说明合同的份数、使用的方案及效力、订约时间、地点以及生效时间等。

7. B。理由：参阅教材“电子合同的特征”部分，易知答案为B。

8. C。理由：传真不属于网上方式，其他选项均是网上交易洽谈方式。

9. D。理由：电子邮件、网站表格及商务单证、BBS均属于非实时磋商方式，只有“贸易通”是阿里巴巴开发的即时网络通讯工具。

10. A。理由：“贸易通”即时通讯网络软件，集成了即时文字、语音视频、邮件、手机短信的商务沟通和客户管理功能。

11. C。理由：参阅教材“电子合同”部分，易知答案为C。

12. B。理由：参阅教材“电子合同的法律效力问题”部分，易知答案为B。

（二）简答题

1. 答：申明价值可以使双方明白各自利益和优势所在，让双方知道如何才能满足对方的要求，并为创造价值实现双赢打下基础。

2. 答：国际交易磋商的程序一般包括四个环节：询盘、发盘、还盘和接受，其中发盘和接受是必不可少的两个基本环节。

3. 答：因为电子邮件相对于传统的信函有以下优点：①传送速度快；②传送范围广；③保存、修改、查询、调用方便快捷；④价格低廉；⑤容易操作，可以一信多发等等。

4. 答：电子邮件；Web站点；电子公告板；聊天室；网络即时磋商软件等。

5. 答：电子商务合同是以数据电文方式缔结的合同，它是商务合同的一种类型，它也具有一般合同的一些基本特征，同时也适用合同法的基本原理和规则。但是，电子商务合同对传统的合同法形成了挑战，这种挑战主要表现为各国法律对于合同的书面形式要求以及签字、认证、安全、原件等要求的重新认识，这正是各国目前努力研究和解决的问题。

6. 答：电子商务合同的主要特点有：

①在电子合同中，订立合同的双方或多方大多是互不见面的。

②传统合同的口头形式在贸易上常常表现为店堂交易，并将商家所开具的发票作为合同的依据，而在电子商务中标的额较小、关系简单的交易没有具体的合同形式，表现为直接通过网络订购、付款。

③表示合同生效的传统签字盖章方式被数字签字所代替。

④传统合同的生效地点一般为合同成立的地点，而采用数据电文形式订立的合同，接收人的主营业地为合同成立的地点。

⑤电子合同的载体与传统合同不同，传统合同一般以纸张等有形材料作为载体，而电子合同的信息记录在计算机或磁盘等载体中，其修改、流转、储存等过程均通过计算机进行，具有易消失性和易改动性等特点。如果不对合同的信息采用一定的加密、保全措施，

其作为证据时就具有很大的局限性，故电子合同比传统合同具有更大的风险性。

7. 答：电子证据需要审查的环节包括以下几个方面：

①审查电子证据的生成环节。

②审查电子证据的存储环节。

③审查电子证据的传送环节。

④审查电子证据的收集环节。

⑤审查电子证据是否被删改过。

8. 答：主要有一般取证和复杂取证两种方式。其中一般取证方式有打印、拷贝、拍照、摄像、制作司法文书、查封、扣押、公证等；复杂取证方式有解密、恢复、测试等。

（三）操作题

1. 操作提示：登录“贸易通”之后，参照教材进行操作。

2. 操作提示：先登录淘宝网，点击“免费注册”，在显示的页面填写注册信息，如图4－1所示；注册成功后，到注册所登记的电子邮箱激活会员身份，下载安装淘宝旺旺，登录淘宝旺旺，如图4－2所示；登录成功后，如图4－3所示，在“我的淘友”页面下方点击“添加淘友”（可参照贸易通）进行交易洽谈。

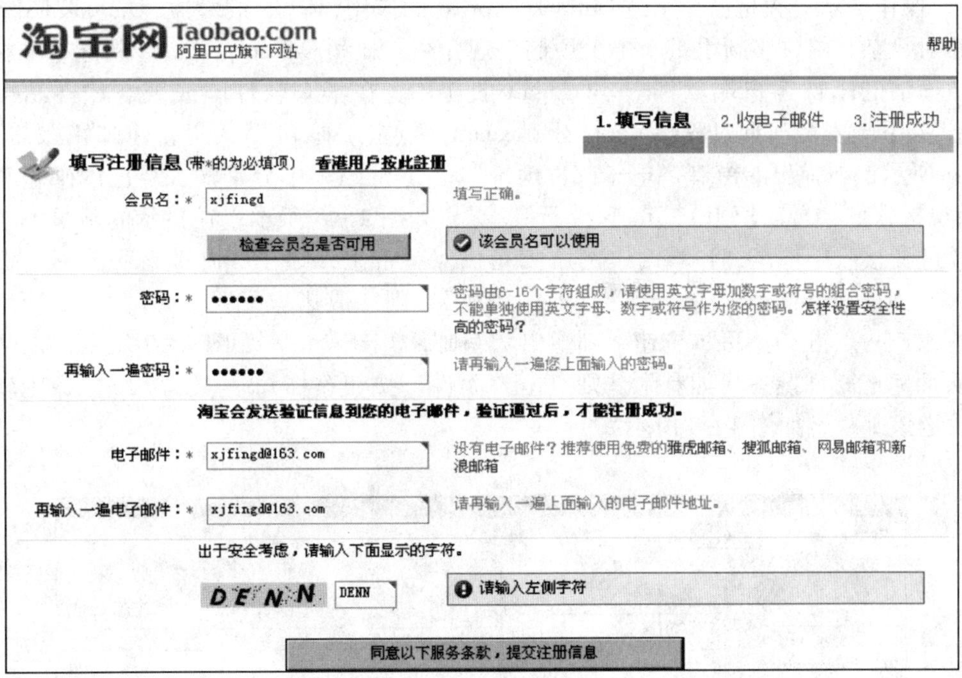

图4－1　淘宝会员注册

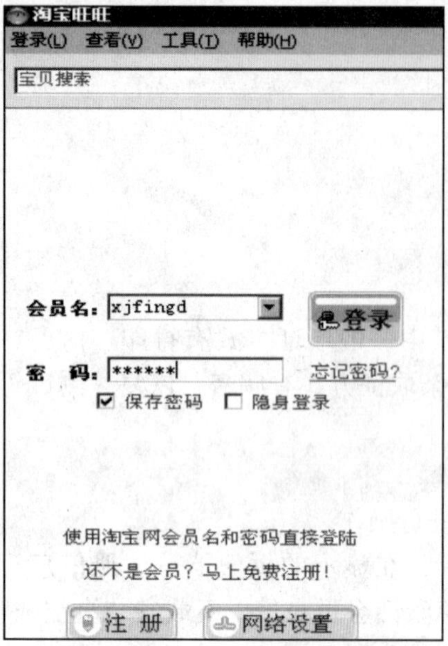

图4－2　登录淘宝旺旺

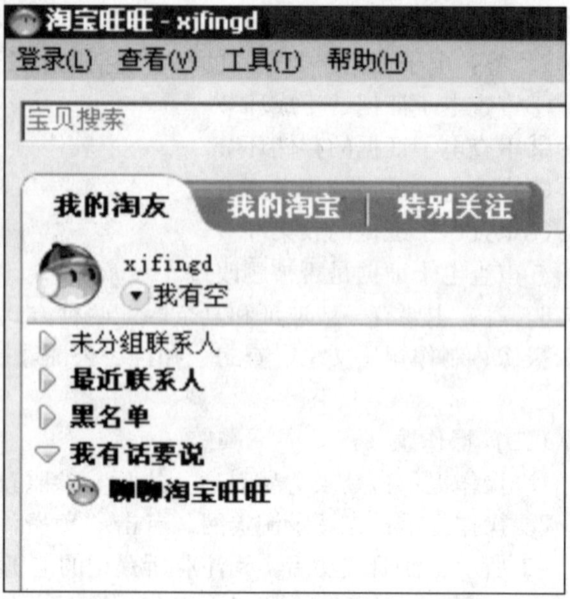

图4－3　淘宝旺旺交易洽谈管理页面

3. 操作提示：教材已介绍过 Outlook Express 的应用，但在实践中，Outlook Express 的设置相对复杂，给许多新手带来不少烦恼，现介绍一款和 Outlook Express 功能基本相同但使用更简洁的邮件客户端软件——Foxmail 的使用。在华军软件园或天空软件站搜索出 Foxmail 并下载安装（此过程略），打开 Foxmail，点击“邮箱” > “新建邮箱账户”，如图4－4 所示；在弹出的窗口“电子邮件地址”和“密码”中分别输入自己的邮箱和密码（其余空格软件会自动填上），点击“下一步”，如图4－5 所示；在显示的新页面上，如希望软件在接收邮件至客户端时，网站邮箱仍保留备份，则在“邮件在服务器上保留备份……”前的可选框作标注，然后点击“完成”，则完成账户配置，如图4－6 所示；选择新建账户，点击“撰写”按钮，则弹出“写邮件”新窗口，如图4－7 所示；在“写邮件”页面完成邮件撰写（如有附件则点击“附件”按钮添加），点击“发送”，则软件会自动发送该邮件，如图4－8 所示。

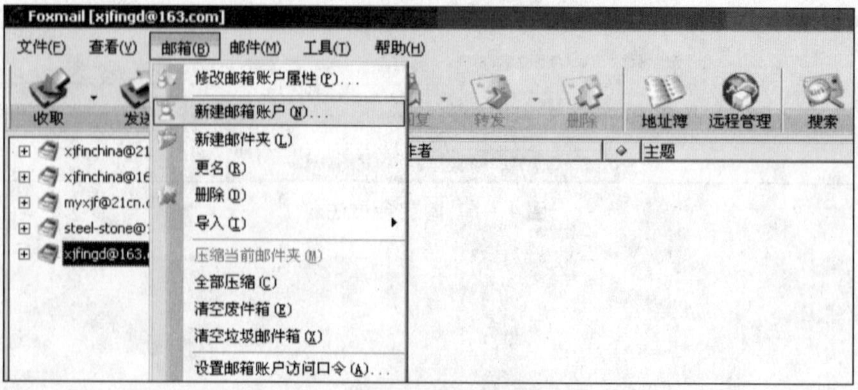

图4－4　在 Foxmail 建立新账户

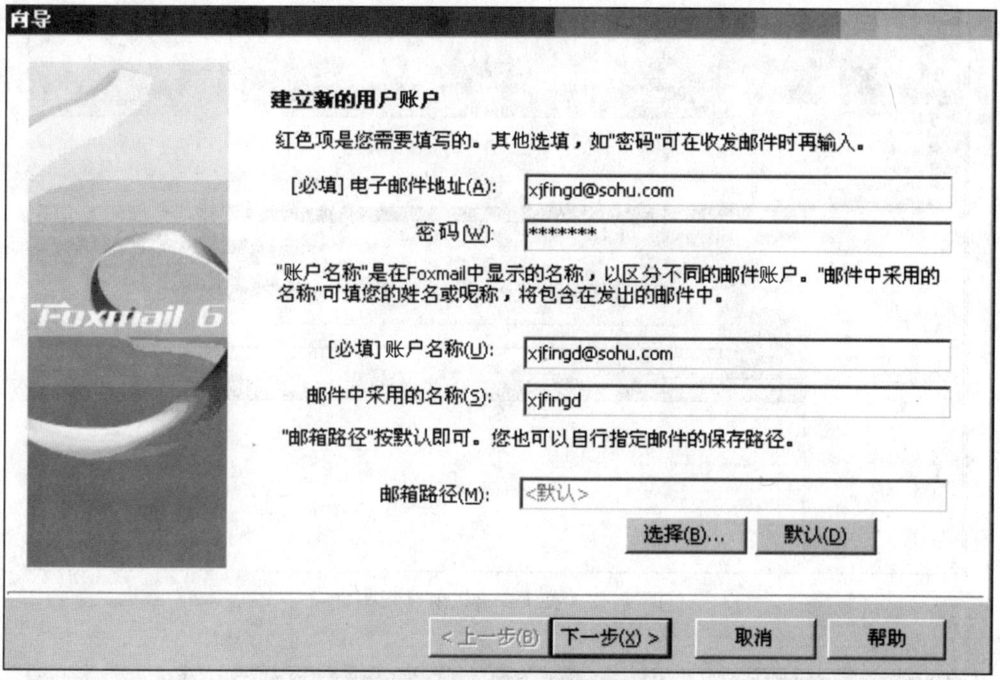

图4－5　在 Foxmail 填写新账户

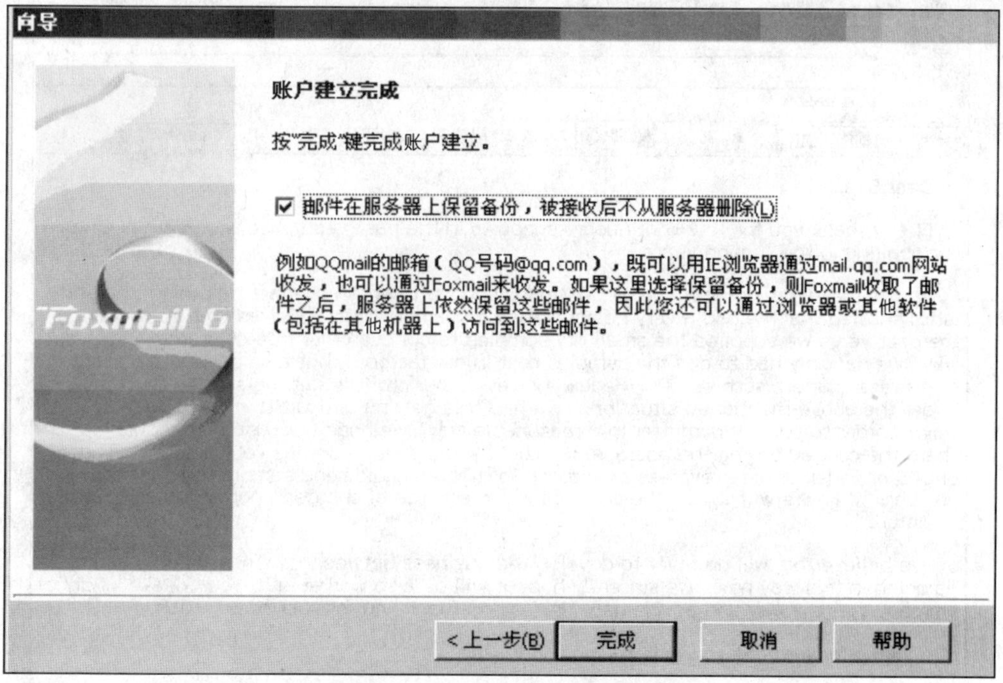

图4－6　在 Foxmail 完成新账户

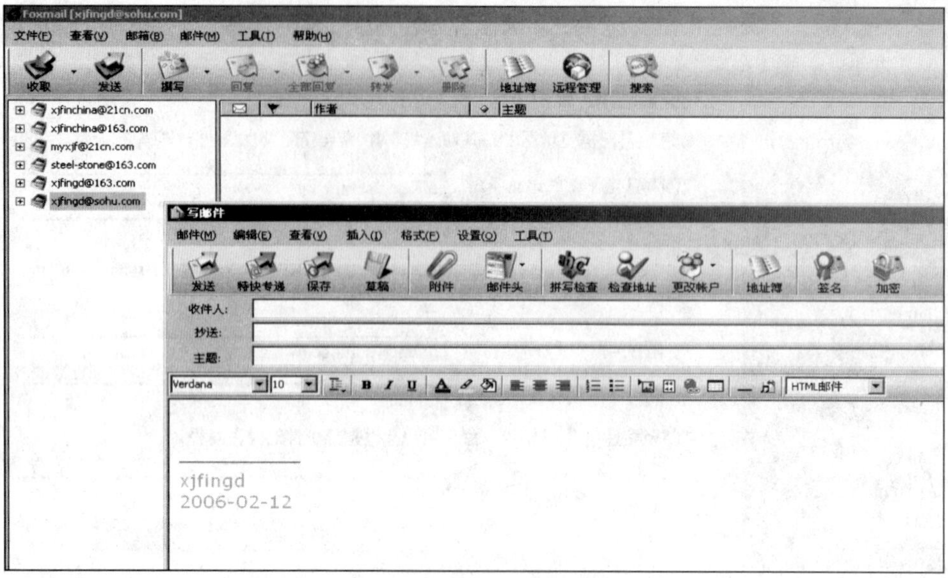

图 4－7　在 Foxmail 创建新邮件

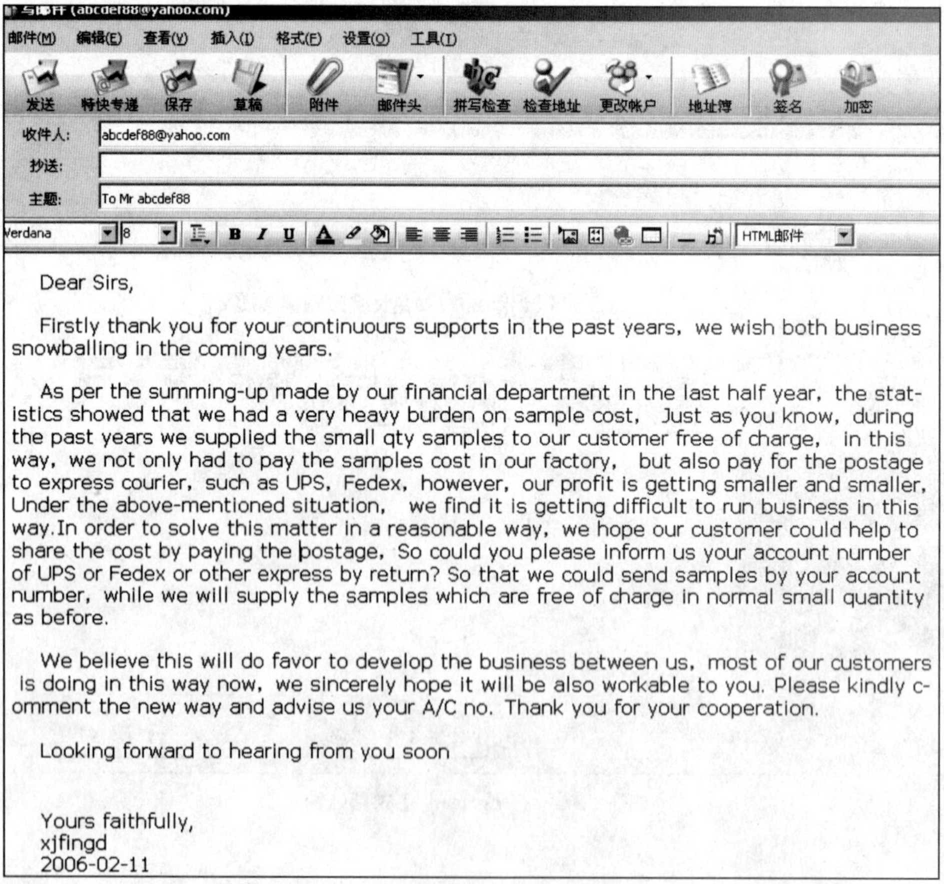

图 4－8　在 Foxmail 撰写新邮件

4. 操作提示：利用雅虎通可以享受通达全球的免费语音呼叫，您和好友只需安装雅虎通，并安装麦克风、扬声器连上互联网就可以实现。雅虎通让您可以快速建立好友列表。一旦您建好好友列表，您就可以看到当前有哪些好友或同事在线。假如您想要交谈的对象当前在线，您就能够通过文字、语音或视频，简单而快速的与对方进行即时交谈。假如对方目前不在线，您仍然可以发送文字信息或是语音留言，对方将会在下次上线时看到离线信息或在语音信箱中收听到您的语音留言。利用你在雅虎注册的身份登录雅虎通，如图 4－9 所示；只要知道您的好友的雅虎账号，即可立即将其加入到您的好友列表中——如果您不知道好友的账号，最快的方法就是立即询问您的好友。然后请点击雅虎通主窗口中的“新增好友”按钮，输入您的好友的雅虎账号，依照系统提示的步骤将好友加入到好友列表中，如图 4－10 所示；移动您的鼠标到您好友列表中的好友的昵称或账号上（不要点击），系统将会显示该联系人的电子名片，让您一目了然，立即点击“发送信息”或“呼叫电脑”按钮，就可以立即发送信息，或拨打网络电话给您的好友或商业伙伴，如图 4－11 和图 4－12 所示。

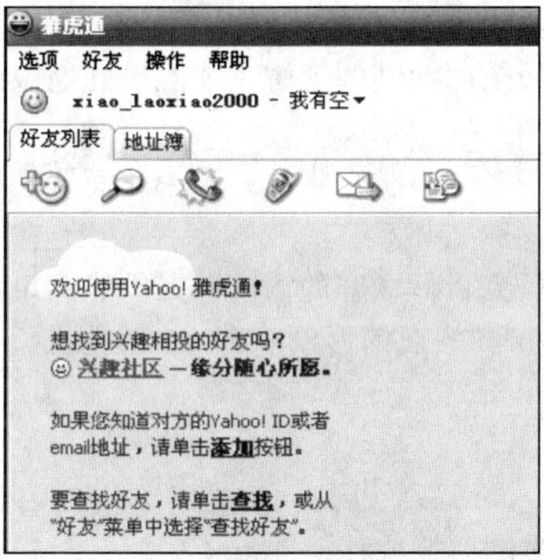

图 4－9　登录雅虎通

图 4－10　添加好友到好友列表

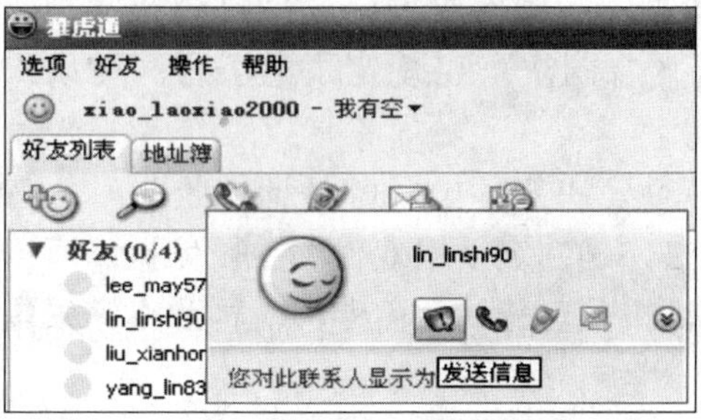

图 4－11　给好友发送信息

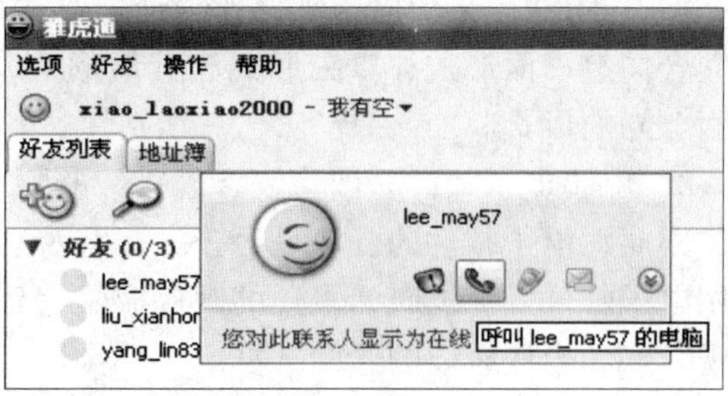

图 4－12　与好友通话

（四）案例分析题

案例 1 答案提示：

1. 甲和乙不是合格的商务谈判人士，他们虽然拿到了看似公平的一半，实现了公平交易下自己所能实现的最大利益；然而，他们各自得到的东西却未物尽其用，他们错失了本可以让双方都得到更大的利益的机会。

2. 遵循“商务谈判三步曲”的步骤与原则，首先应做好沟通，充分交流各自所需，申明各自利益所在，然后想方设法去寻求更佳的方案，为谈判双方找到最大的利益，事实上，在本例中，只要通过前两步，达成理想的谈判结果就轻而易举了（甲拿鱼肉，乙拿鱼头）。

案例 2 答案提示：

1. 电子商务提供了白手起家的机会；不一定要高学历才能成功，只要敢想、勤钻、肯干，职业院校的学生完全可以自己创业并有所成就。

2. 网站留言，淘宝旺旺。

3. 注意查看买家或卖家的交易成功次数、经营时间长短、好评率以及交易条件等。

4. 同意，因为只有自己喜欢，才会对产品有较全面深刻的了解，才能更好地服务顾客，满足顾客的需求，才能有好的口碑和越来越多的客户。

5. 交易达成后，如果不处理好退货问题，就会影响声誉，降低好评率，而缺乏诚信的商家是无人会光顾的。

6. 在网上开店，应注重选择好的网络平台，研究目标顾客的需求，提供能满足顾客需求的产品，制定合理的价格策略，通过优质的服务树立店铺形象并建立良好信誉。

案例 3 答案提示：

1. 电子邮件，阿里巴巴网络平台，贸易通。

2. 电子商务突破了时空界限，商机遍布全球，沟通高效便捷，交易成本大幅度降低，通过有名的网络商务平台就可以足不出户结识众多的商业伙伴，并洽谈生意乃至达成交易，它是名副其实的国际贸易企业的助飞器。

案例 4 答案提示：

1. 二审法院采信电子邮件作为证据有法律依据。我国《合同法》明确规定的当事人订立合同有书面形式、口头形式和其他形式，新《合同法》已规定了电子合同可以作为书面合同的形式。

2. 由于电子邮件易被修改、易丢失的物理特性，决定了电子邮件证据收集时的特殊性，因此，电子邮件的提取是否公正、客观、合法，是判定证据效力的主要依据。所以在采用电子邮件做证据时，采集的邮件应是得到公证机关监督的，由专门机构和专家采集的客观真实和合法有效的原始证据。

案例 5 答案提示：

1. 依据 2005 年 4 月 1 日起施行的《中华人民共和国电子签名法》中的规定，电子签名是指数据电文中以电子形式所含、所附用于识别签名人身份并表明签名人认可其中内容的数据。数据电文是指以电子、光学、磁或者类似手段生成、发送、接收或者储存的信息。移动电话短信息即符合电子签名、数据电文的形式。同时移动电话短信息能够有效地表现所载内容并可供随时调取查用，能够识别数据电文的发件人、收件人以及发送、接收的时间。我国于1999年10月1日施行的新《合同法》已将传统的书面合同形式扩大到数据电文形式。第十一条规定："书面形式是指合同书、信件以及数据电文（包括电报、电传、传真、电子数据交换和电子邮件）等可以有形地表现所载内容的形式。"在本案中，法官审查了手机短信息该证据的真实性，在确定能够确认信息来源、发送时间以及传输系统基本可靠、文件内容基本完整的情况下，同时又没有相反的证据足以否定这些证据的证明力的情况下，可以认可这些手机短信息的证据力。

2．根据我国电子签名法第八条的规定，审查数据电文作为证据的真实性，应当考虑的因素是："生成、储存或者传递数据电文方法的可靠性；保持内容完整性方法的可靠性；用以鉴别发件人方法的可靠性；其他相关因素。"也就是说，审查一个数据电文作为证据的真实性，主要是从该系统的操作人员、操作的程序、信息系统本身的安全可靠性等几个方面来考量的。如审查传送数据电文的系统是否具备相当的稳定性，被非法侵入、篡改的可能性有多大，操作时是否严格按照所要求的程序来进行，能否有效地鉴别发信人，等等。

3．王先生提供的通过张某使用的号码发送的移动电话短信息内容载明了张某的5万元为预支货款，手机短信和银行汇款存单两份证据之间相互印证，据此，王先生所提供的手机短信息可以认定为真实有效的证据，证明事实真相，法院应对此予以采纳，并对王先生的诉讼请求予以支持。

第五章
网上备货、报检、催证、审证和改证

一、练习题

（一）判断题

1. 在电子商务条件下，所有的出口环节都已实现电子化操作，传统的操作过程与基于电子商务的操作不能同时并存。(　　)

2. 凡属国家规定，或合同规定必经中国进出口商品检验局检验出证的商品，在货物备齐后，不必向商品检验局申请检验，海关也能放行。(　　)

3. 在电子商务条件下，进出口报检的手续和检验证书的传递可通过电子商务系统完成。现在已统一实行电子报检，所有出口企业都要安装当地商检局强行指定的电子报检系统。(　　)

4. 电子报检能够最大限度地减少报检环节、简化报检手续，减少企业往返检验检疫机构的次数。(　　)

5. 对国外来证的审核和修改，是保证顺利履行合同和安全迅速收汇的首要前提，我们必须给予足够的重视，认真做好审证工作。(　　)

（二）填空题

1. 在电子商务条件下，履行出口合同的过程基本上都由________自动完成，业务员的手工作业量大大减少。

2. 在电子商务条件下，出口方签订合同后，如果有货源较稳定的厂家供货时，可以直接通过ERP系统或进销存以及其他的________进行备货。

3.《进销存解决方案》的订单管理系统具有客户报价管理、接单管理、________、出货退货管理、订单异常处理、客户建文件等功能。

4. 在电子商务条件下，进出口报检的手续和检验证书的传递可通过电子商务系统完成。现在已统一实行电子报检，出口企业需安装当地商检局强行指定的________。

5. “九城电子申报系统”简称为________，它是实现进出口企业对政府贸易管理部门进行电子申报的企业端软件。

6. “九城电子申报系统”简称为iDecl，通过该系统，企业可轻松完成与检验检疫机构之间的业务交互。该系统分为________和________两部分。控制模块是基础应用平台，其他各个业务模块的功能都在此平台上实现。业务模块包括报检类业务、产地证类业务、许可证申报类业务以及其他业务几大类。

7. 九城电子申报系统业务模块的其他业务模块可通过计算机网络将________、检验检疫机构与________连接在一起，帮助企业以电子方式实现向检验检疫机构交纳检验检疫费及产地证签证费等费用。

8. 各种单证录入完成后，即可进行单证的________。首先在主菜单的“通信”菜单中选择证书类型，再选择要发送的证书，然后选择证书的发送种类，最后单击“确定”按钮确认。至此，报检单或产地证便完成了电子报送。

9. 在电子商务条件下，出口商可以利用________等手段向买方催开信用证。

10. 对国外来证的审核和修改，是保证顺利履行合同和安全迅速收汇的________，我们必须给予足够的重视，认真做好审证工作。

（三）简答题

1. 电子商务条件下如何进行备货？

2.《进销存解决方案》的订单管理系统有哪些功能？

3. 在电子商务条件下，如何完成进出口报检的手续和检验证书的传递？

4.《九城电子申报系统》分为哪几个模块？其又分别包含哪几个子模块？

5.《九城电子申报系统》中，如何申领产地证？

（四）操作题

1. 在网上查找“九城电子申报系统（iDecl）”软件，并安装在本机上。

2. 运行“九城电子申报系统（iDecl）”，输入一张出境货物报检单，并且显示打印预览。

3. 通过中国检验检疫局的九城电子申报系统，实现网上申领产地证。

4. 网上催证、审证、改证。

二、参考答案

（一）判断题

1. 错误。理由：在电子商务条件下，合同履行过程基本上都由电子商务系统自动完成，业务员的手工作业量大大减少。目前，由于条件所限，并非所有的出口环节都已实现电子化操作，传统的操作过程与基于电子商务的操作同时并存。

2. 错误。理由：凡属国家规定，或合同规定必经中国进出口商品检验局检验出证的商品，在货物备齐后，应向商品检验局申请检验，只有取得商检局发给的合格检验证书，海关才准放行。凡经检验不合格的货物，一律不得出口。

3. 错误。理由：在电子商务条件下，进出口报检的手续和检验证书的传递可通过电子商务系统完成。现在已统一实行电子报检，出口企业需安装当地商检局强行指定的电子报检系统，若企业出口产品较少需商检，觉得不划算，可以请代理报检企业代为报检，需提供代理报检委托书。

4. 正确。理由：出/入境一般货物报检模块可以完成出/入境电子报检单的制作，当企业与检验检疫机构联网后，将报检数据以电子方式传输给受理报检业务的检验检疫机构，从而完成出/入境货物的报检手续。电子报检能够最大限度地减少报检环节、简化报检手续，减少企业往返检验检疫机构的次数。

5. 正确。理由：对信用证进行了全面细致的审核以后，如果发现问题，应区别问题的性质，分别同银行、运输、保险、商检等有关部门研究，作出恰当妥善的处理。凡是属于不符合我国对外贸易方针政策，影响合同执行和安全收汇的情况，我们必须要求国外客户通过开证行进行修改，并坚持在收到银行修改信用证通知书后才能对外发货，以免发生货物装出后而修改通知书未到的情况，造成我方工作上的被动和经济上的损失。

因此，对国外来证的审核和修改，是保证顺利履行合同和安全迅速收汇的首要前提，我们必须给予足够的重视，认真做好审证工作。

（二）填空题

1. 电子商务系统。理由：在电子商务条件下，履行出口合同的过程基本上都由电子商务系统自动完成，业务员的手工作业量大大减少。

2. 备货系统。理由：在电子商务条件下，出口方签订合同后，如果有货源较稳定的厂家供货时，可以直接通过 ERP 系统或进销存以及其他的备货系统进行备货。

3. 自动备货管理。理由：《进销存解决方案》的订单管理系统具有客户报价管理、接单管理、自动备货管理、出货退货管理、订单异常处理、客户建文件等功能。

4. 电子报检系统。理由：在电子商务条件下，进出口报检的手续和检验证书的传递可通过电子商务系统完成。现在已统一实行电子报检，出口企业需安装当地商检局强行指定的电子报检系统。

5. iDecl。理由："九城电子申报系统"简称为 iDecl，它是实现进出口企业对政府贸易管理部门进行电子申报的企业端软件。

6. 控制模块　业务模块。理由："九城电子申报系统"简称为 iDecl，通过该系统，企业可轻松完成与检验检疫机构之间的业务交互。该系统分为控制模块和业务模块两部分。控制模块是基础应用平台，其他各个业务模块的功能都在此平台上实现。业务模块包括报检类业务、产地证类业务、许可证申报类业务以及其他业务几大类。

7. 进出口企业　银行。理由：九城电子申报系统业务模块的其他业务模块可通过计算机网络将进出口企业、检验检疫机构与银行连接在一起，帮助企业以电子方式实现向检验检疫机构交纳检验检疫费及产地证签证费等费用。

8. 电子申报。理由：各种单证录入完成后，即可进行单证的电子申报。首先在主菜单的"通信"菜单中选择证书类型，再选择要发送的证书，然后选择证书的发送种类，最后单击"确定"按钮确认。至此，报检单或产地证便完成了电子报送。

9. 电子邮件。理由：在电子商务条件下，出口商可以利用电子邮件等手段向买方催开信用证。

10. 首要前提。理由：对国外来证的审核和修改，是保证顺利履行合同和安全迅速收汇的首要前提，我们必须给予足够的重视，认真做好审证工作。

（三）简答题

1. 答：在电子商务条件下，出口方签订合同后，如果有货源较稳定的厂家供货时，可以直接通过ERP系统或进销存以及其他的备货系统（如深圳市协拓科技有限公司开发的《电子贸易管理系统》）进行备货。如果没有稳定的厂家供货时，可以用搜索引擎Google、百度、阿里巴巴、中国商品交易中心等网站就能找到很多这些贸易批发商。他们一般直接由厂家供货，货源较稳定。再通过ERP系统或进销存以及其他的备货系统进行备货。

2. 答：《进销存解决方案》的订单管理系统具有客户报价管理、接单管理、自动备货管理、出货退货管理、订单异常处理、客户建文件等功能。订单管理系统包含客户基本资料建立，客户报价，客户订单接单作业，备货作业，出货运货作业等相关事项。

3. 答：在电子商务条件下，进出口报检的手续和检验证书的传递可通过电子商务系统完成。现在已统一实行电子报检，出口企业需安装当地商检局强行指定的电子报检系统，若企业出口产品较少需商检，觉得不划算，可以请代理报检企业代为报检，需提供代理报检委托书。当前大多数地方使用的是由九城集团北京数码科技有限公司研制开发的“九城电子申报系统”软件，应用于国家检验检疫局的数据交换平台上，将进出口企业与当地或装卸港地检验检疫局联网，从而使进出口企业通过Internet以电子申报方式轻松完成相关报验的手续，待检验检疫局对进出口商品实施法定检验后，检验检疫局对检验结果所出具的检验证书也通过网络传输和共享，海关经过联网查证后对合法要求的通关货物予以放行。远程电子报关和数字证书的传输能够最大限度地减少报检环节、简化手续，减少企业往返检验检疫部门的次数。海关通过网络对检验证书能够便利地核实真假，保证通关货物符合法定要求。

4. 答：《九城电子申报系统》分为控制模块和业务模块两部分，由控制台对各业务模块进行管理，目前可实现的业务功能包括电子报检（出/入境一般货物报检、出境包装报检）、产地证电子签证（包括一般原产地证书、普惠制FORMA产地证书、FORME产地证书、《曼谷协定》证书以及金伯利进程证书）、许可证申报（进境动植物检疫许可证申报）以及其他电子业务服务。

（1）控制模块。控制模块是基础应用平台，其他各个业务模块的功能都在此平台上实现。控制台主要负责对各个业务功能模块进行管理，包括业务模块注册、软件激活、软件升级、软件下载、信息发布和用户管理，等等。同时，在此平台上用户可以进行其他业务模块的扩展。

（2）业务模块。业务模块包括报检类业务、产地证类业务、许可证申报类业务以及其他业务几大类。

5. 答：目前，通过中国检验检疫局的九城电子申报系统，可实现网上申领产地证。其过程如下：

（1）在九城电子申报系统的主菜单中单击“证书”，出现“证书”类型对话框。

（2）若在“证书类型”对话框中选择了“原产地证”，单击“确定”按钮，便可进入产地证书的录入状态，产地证的录入分“原产地证书”、“其他信息”和“日本进料证书”三个界面。

（3）录入完后也可通过“打印预览”进行检查。各种单证录入完成后，即可进行单证的电子申报。首先在主菜单的“通信”菜单中选择证书类型，再选择要发送的证书，然后选择证书的发送种类，最后单击“确定”按钮确认。至此，报检单或产地证便完成了电子报送。

（四）操作题

1. 在网上查找“九城电子申报系统（iDecl）”软件，并安装在本机上。

操作过程：

利用第二章学习过的知识在网上搜索“九城电子申报系统（iDecl）”，这里介绍在“Google”网站上搜索的过程。

（1）打开 IE 浏览器，在地址栏上输入 Google 后按回车键，出现如图 5 – 1 所示的 GOOGLE – SOSO 搜索页面。

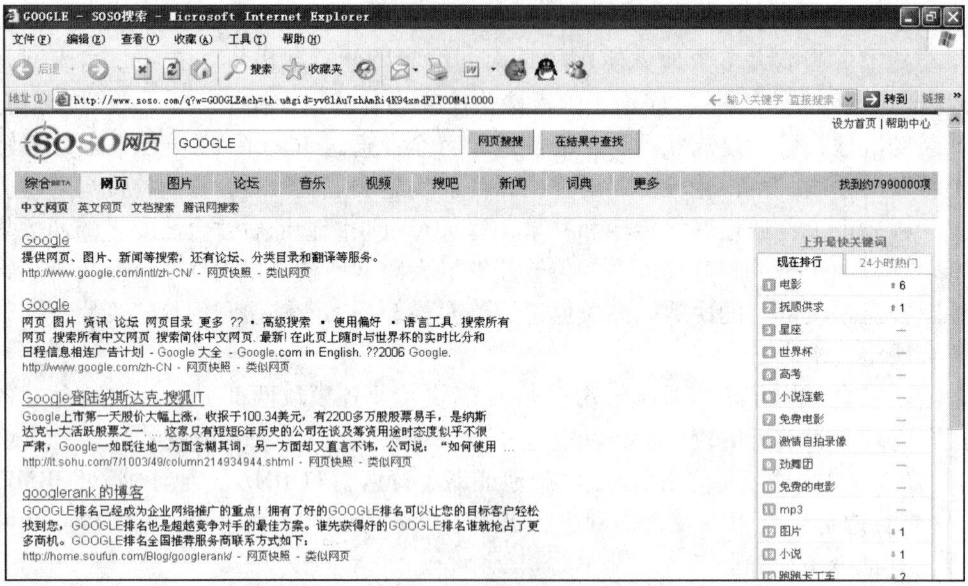

图 5 – 1 GOOGLE – SOSO 搜索页面

（2）在 GOOGLE – SOSO 搜索页面的输入框中键入“九城电子申报系统（iDecl）”，然后按网页搜索按钮。出现如图 5 – 2 所示的九城电子申报系统（iDecl）– SOSO 搜索页面。选择其中的一种单击它的标题。如选择“软件下载”，进入如图 5 – 3 所示的软件下载（http：//www. e-port. cn/dl/index. jsp）的页面。

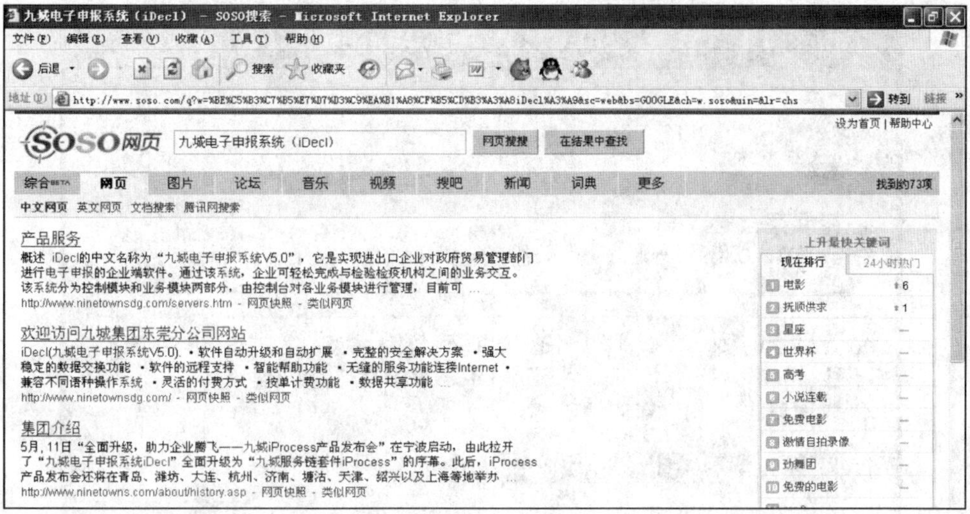

图 5－2　九城电子申报系统（iDecl）－SOSO 搜索页面

图 5－3　软件下载（http://www.e-port.cn/dl/index.jsp）的页面

（3）单击下载框的“iDecl 九城电子申报系统（九城单证 5.02）”，就可以利用各种下载软件进行下载。如没有安装下载软件，就用 IE 自带的下载软件，速度较慢。如图 5－4 所示。下载完成后会出现是否马上执行的对话框，回答“是”就可以安装了。

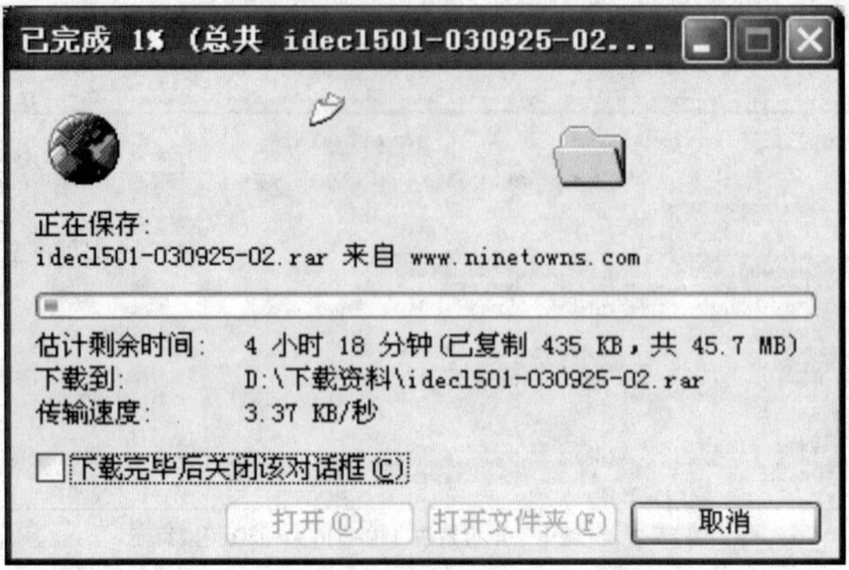

图5-4　IE 下载页面

（4）按照安装向导一步一步安装下去，直到完成。在桌面上会出现“iDecl”的图标。

2. 运行“九城电子申报系统（iDecl）”，输入一张出境货物报检单，并且显示打印预览。

iDecl 系统报检过程：

（1）用户在已安装了本系统的 Windows 桌面上双击 iDecl 的图标进入 iDecl 系统，屏幕显示如图5-5所示。

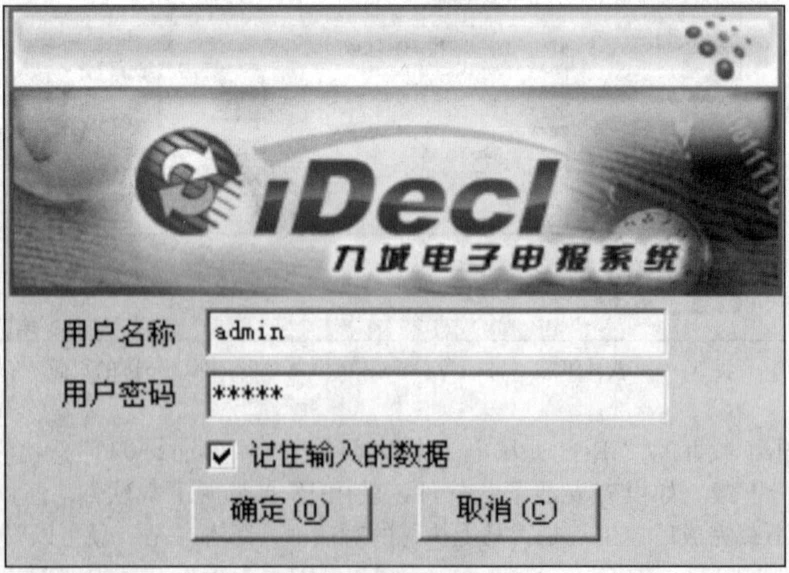

图5-5　iDecl 系统登录画面

（2）在该屏幕的用户名称和用户密码文本框中分别输入用户名和密码，然后单击“确定”按钮，便可进入 iDecl 系统主菜单。

（3）在主菜单中单击“证书”按钮，打开“证书类型”对话框。

（4）在该对话框中选择其中一种证书，如“出境货物报检单”，然后单击“确定”按钮，进入报检单的录入界面，出境货物报检单分“基本信息”和“货物信息”两部分录入，如图 5－6 和图 5－7 所示。

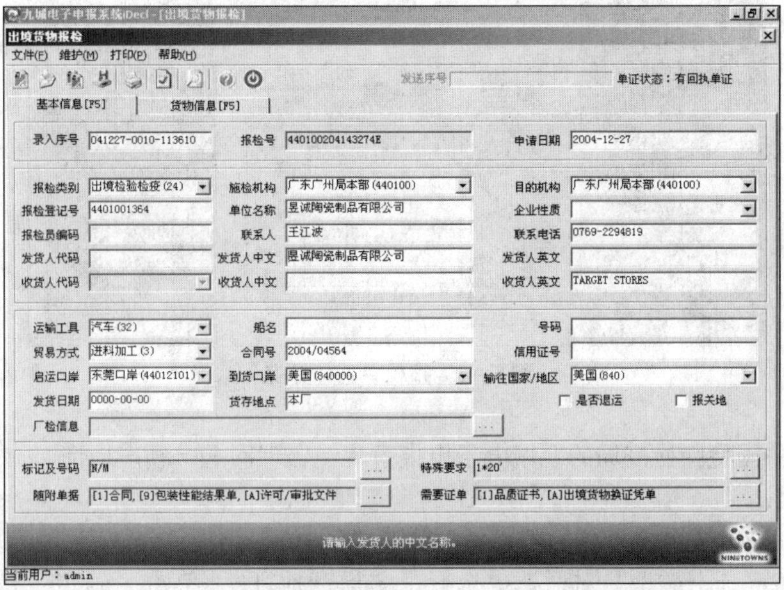

图 5－6　出境货物报检单“基本人息”的录入界面

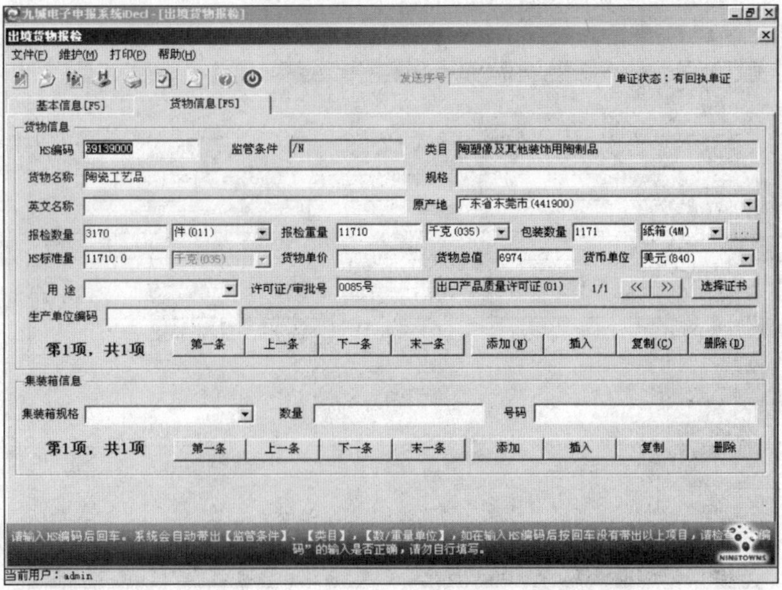

图 5－7　出境货物报检单“货物信息”的录入界面

（5）录入完后可通过“打印预览”进行检查，如图 5－8 所示。

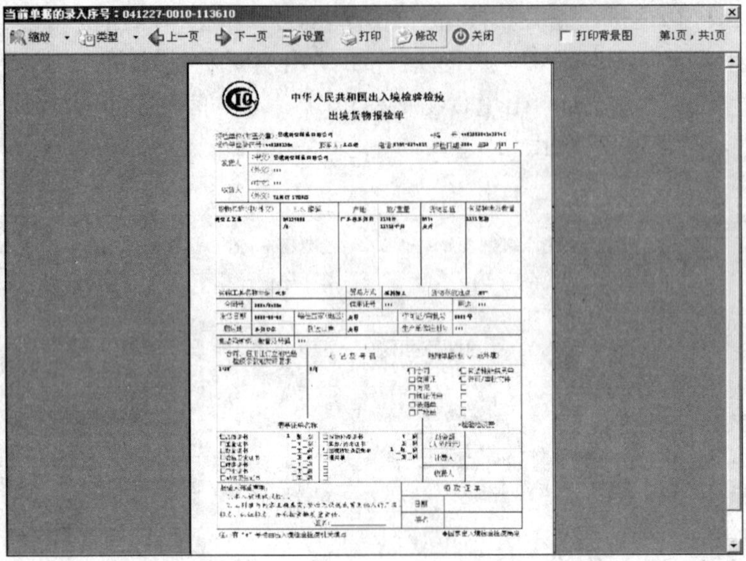

图 5－8　报检单打印预览

3. 通过中国检验检疫局的九城电子申报系统，实现网上申领产地证。

操作过程：

（1）在九城电子申报系统的主菜单中单击“证书”，出现“证书”类型对话框。

（2）若在“证书类型”对话框中选择了“原产地证”，单击“确定”按钮，便可进入产地证书的录入状态，产地证的录入分“原产地证书”、“其他信息”和“日本进料证书”三个界面，如图 5－9 和图 5－10 所示。

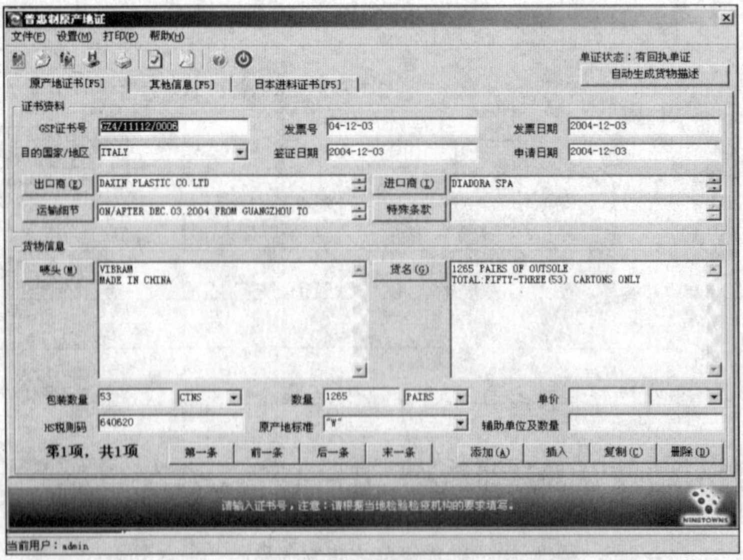

图 5－9　“原产地证书”的录入界面

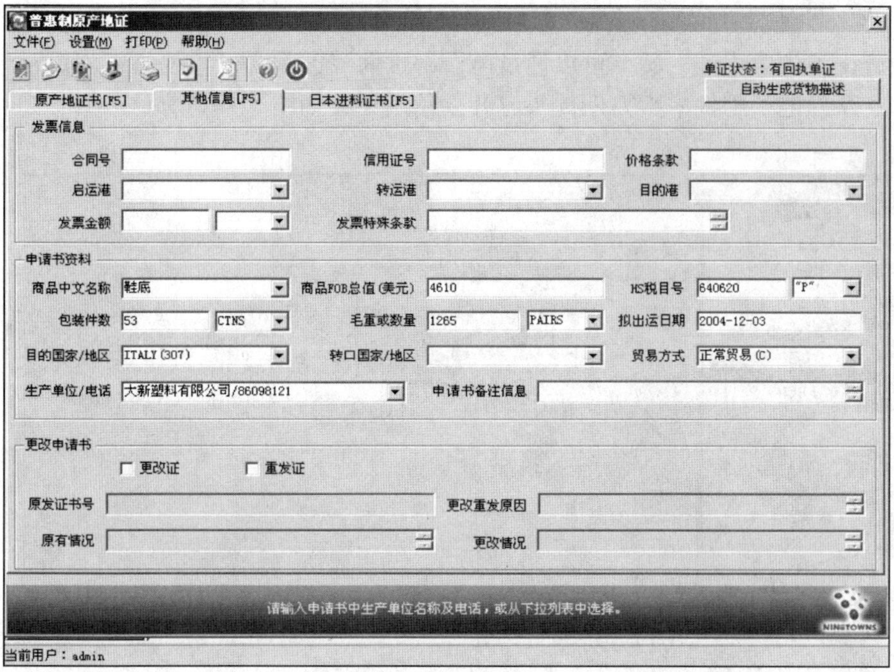

图 5－10　产地证“其他信息”的录入界面

（3）录入完后也可通过“打印预览”进行检查。

各种单证录入完成后，即可进行单证的电子申报。首先在主菜单的“通信”菜单中选择证书类型，再选择要发送的证书，然后选择证书的发送种类，最后单击“确定”按钮确认。至此，报检单或产地证便完成了电子报送。

4. 网上催证、审证、改证。

操作指南：

（1）查询信用证。

通过银行查询信用证系统，如中国工商银行德网上审证系统（http://www.icbc.com.cn/dongtaiyanshi/qiye_cn/111111/corporbank/lcredit/lcredit_av_query.htm）如图 5－11 进行查询，为企业客户提供查询本部及分支机构出口信用证所有证、单（含融资）交易及交易信息（报文、面函、回单）。

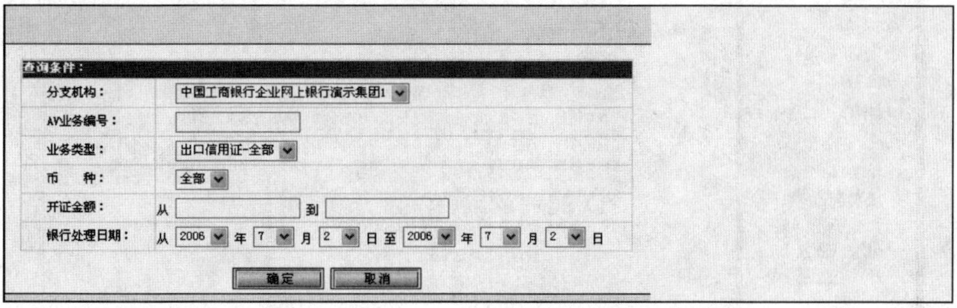

图 5－11　中国工商银行德网上审证系统

（2）网上催证。

如果查询不到信用证，卖方可以通过电子邮件向买方发去函电提醒或催促对方开立信用证。如在某封电子邮件中卖方催促买方开立信用证，如图 5－12 所示。

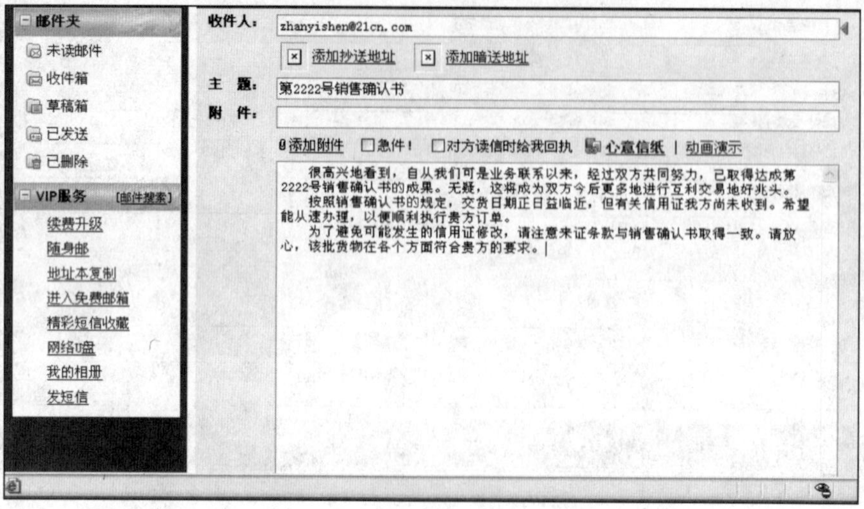

图 5－12　电子邮件网上催证页面

（3）网上审证。

信用证是银行开立的有条件的付款保证。信用证的条件必须与合同条件相吻合，否则，卖方将难以提交符合信用证要求的单据，失去银行所提供的信用证。因此，卖方收到通过电子邮件传送过来的信用证后，应立即对其内容进行审核。审核的主要内容包括开证行的资信状况、信用证的性质、信用证的金额、装运条件、交单期、到期日、到期地点、信用证对货物的描述、保险条款以及所需单证等。

（4）网上改证。

受益人审证后，发现内容与合同和惯例规定不一致，应及时通过电子邮件向开证申请人提出要求修改信用证，如在某封电子邮件中卖方要求买方修改信用证，如图 5－13 所示。

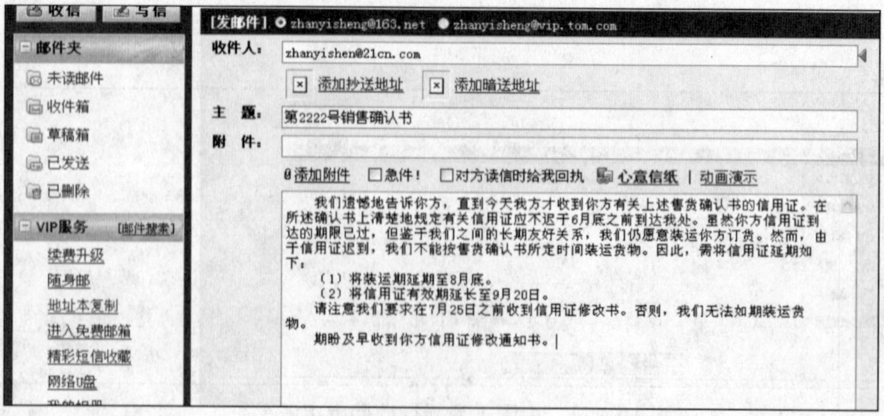

图 5－13　网上改证

第六章
国际电子商务的物流配送

一、练习题

（一）单项选择题

1．在电子商务条件下，（　　）通过货运代理公司或船公司的网上订舱系统，填写托运单或订舱单，并发送给承运人。

A．进口商　　B．出口商

C．货运代理公司　　D．船公司

2．（　　）不是物流对电子商务的作用。

A．提高电子商务的效率与效益

B．协调电子商务的目标

C．扩大电子商务的市场范围

D．集成电子商务中的商流、信息流与物流

3．电子商务物流配送的基本特征是（　　）。

A．国际化、快速化、智能化　　B．信息化、现代化、社会化

C．专业化、集成化、规范化　　D．自动化、快速化、系统化

4．物流配送中心是重视商品流通的全方位功能，同时具有（　　）的功能。

A．商品储存保管、信息提供

B．流通行销、分拣配送及信息提供

C．流通加工及信息提供

D．商品储存保管、流通行销、分拣配送、流通加工及信息提供

5．我国 2001 年公布的国标《物流术语》中，将（　　）定义为“供方与需方以外的物流企业提供物流服务的业务模式”。

A．第三方物流　　B．第四方物流

C．国际物流　　D．电子物流

6．国际物流系统是由商品的包装、储存、运输、检验、流通加工和其前后的整理、再包装以及国际配送等子系统组成。（　　）是物流系统的主要组成部分。

A．商品的包装和储存　　B．运输和储存子系统

C．运输和检验　　D．储存和流通加工

7. 电子物流的主要特点是（　　）的集成。

A. 物流和资金流　　B. 信息流、现金流

C. 售前和售后服务　　D. 前端服务与后端服务

8. 下列（　　）不是 GPS 在货物运输中的作用。

A. 分配集合模型　　B. 导航功能

C. 车辆跟踪功能　　D. 货物配送路线规划功能

9.（　　）不属于基本物流服务的内容。

A. 运输功能　　B. 库存功能

C. 满足特殊顾客的订货功能　　D. 包装功能

10. 物流标准化形式中的统一化是指（　　）。

A. 一定范围内缩减物流标准化对象的类型数目，使之在一定时间内满足一般需要

B. 按照用途和结构把同类型产品归并在一起，使产品品种典型化

C. 把同类事物的若干表现形式归并为一种或限定在一个范围内

D. 在相互独立的系统中，选择与确定具有功能互换性或尺寸互换性的子系统或功能单元

11. 你认为下列有关配送的理解，（　　）是正确的。

A. 配送实质就是送货，和一般送货没有区别

B. 配送要完全遵守“按用户要求”，只有这样才能做到配送的合理化

C. 配送是物流中一种特殊的、综合的活动形式，与商流是没有关系的

D. 配送是“配”和“送”的有机结合，为追求整个配送的优势，分拣、配货等项工作是必不可少的

12. 关于配送的功能，下列四个选项中（　　）是错误的。

A. 有益于物流运动实现合理化

B. 有利于合理配置资源

C. 只要做好配和送，不需要开发什么新技术

D. 可以降低物流成本，可以促进生产快速发展

13. 下列的配送中心，（　　）是按功能角度来分类。

A. 零售商型配送中心　　B. 批发商型配送中心

C. 加工配送中心　　D. 化妆品配送中心

14. 下列四个包装材料中，非绿色包装材料的是（　　）。

A. 可食性包装材料　　B. 可降解材料

C. 重复再用材料　　D. 一次性塑料杯

15. 企业的产品能否通过分销渠道快速地分销到目标市场上，实现仓储、运输、配送等物流活动在渠道中的高效运作，主要取决于（　　）。

A. 分销渠道中物流、配送网络的构建

B. 是否在分销渠道中处于主导地位

C. 分销渠道的渠道结构

D. 第三方物流在其中起的作用

16. 企业将（　　）物流管理业务转移至第三方物流企业。

A. 不成功的　　B. 不愿意管的

C. 不擅长的　　D. 难度较大的

17. 企业只有（　　），才能更关注服务工作，提高服务水平。

A. 集中精力于核心业务　　B. 吸收大量优秀人才

C. 完成生产指标　　D. 指定生产计划

18. 第三方物流与企业为了共同的利益，摒弃了对立的立场，建立了（　　）理念。

A. 双赢　　B. 一体化

C. 战略联盟　　D. 友好

19. 管道运输的主要不足之处是（　　）。

A. 运输物品受限制　　B. 运输费用较高

C. 运输管道造价太高　　D. 运输时间长

20. 物流信息管理包括（　　）。

A. 物流信息的收集、处理、传递和存储

B. 物流信息的识别、处理、传递和存储

C. 物流信息的收集、转换、传递和存储

D. 物流信息的收集、处理、分类和存储

21. 条形码和扫描技术在物流管理中主要应用于（　　）。

A. 超市和零售商店的销售记账

B. 物料搬运过程的跟踪

C. 超市和零售商店的销售记账及物料搬运过程的跟踪

D. 都不是

22. 全球定位系统的简称是（　　）。

A. GIS　　B. GPS

C. POS　　D. EDI

23. 在电子商务下，（　　）的处理有时能完全通过计算机和网络通信设备实现。

A. 商流　　B. 资金流

C. 物流　　D. 信息流

24. 在电子商务下，物流的运作是以（　　）为中心的。

A. 信息　　B. 商品

C. 企业　　D. 客户

25. 随着物流配送系统的计算机网络系统的建立和电子商务的发展，物流配送中心于供应商、制造商及顾客之间的联系可通过（　　）。

A. 物流配送系统的计算机通信网络实现

B. 打电话实现

C. 邮局寄信实现

D. 上门服务实现

（二）填空题

1. 在电子商务条件下，出口商通过货运代理公司或船公司的________，填写托运单或订舱单，并发送给承运人。

2. 电子商务环境下物流业的发展将向以下几方面发展：（1）__________。（2）________。（3）物流业的多功能化发展。（4）物流企业的服务目标。

3. 电子商务下物流配送，就是________、________、________的物流配送。

4. 配送中心是重视________的全方位功能，同时具有商品储存保管、流通行销、分拣配送、流通加工及信息提供的功能。

5. “第三方物流”（Third Party Logistics，简称3PL或TPL）是________由欧美提出的。

6. 所谓国际物流，就是组织货物在________的合理流动，也就是发生在不同国家之间的物流。

7. 国际物流的总目标是为________服务，即选择最佳的方式与路径，以最低的费用和最小的风险，保质、保量、适时地将货物从某国的供方运到另一国的需方。

8. 电子物流是利用________来完成物流全过程的协调、控制和管理，实现从网络前端到最终客户端的所有中间过程服务，最显著的特点是各种软件与物流服务的融合应用。

9. 电子物流的主要特点是________与________的集成。________包括咨询服务（确认客户需求）、网站设计/管理、客户集成方案实施等。这部分功能是用户经常接触的。

10. 美国联合包裹服务公司（UPS）是世界最著名的物流公司之一。UPS通过全面利用GPS和________技术，能够对每日运送的1 300万个邮件进行________；UPS的司机携带了一块电子操作板，可同时利用网络开拓新的综合商务渠道。

（三）简答题

1. 电子商务条件下出口商如何进行网上订舱？
2. 电子商务环境下物流业的发展趋势是怎样的？
3. 电子商务物流配送的定义是什么？有什么特点？
4. 电子商务配送中心的配送流程如何？
5. 什么是第三方物流？第三方物流有哪些优势？
6. 国际物流系统由哪几部分组成？并简要说明。
7. 什么是电子物流？电子物流有哪些功能？
8. GPS在货物运输中有何应用？
9. GIS在物流配送中有何应用？

（四）操作题

1. 网上租船订舱。
2. 登录美国联邦速递公司（www. fedex. com/cn），了解物流公司的情况。

二、参考答案

（一）单项选择题

1．B。理由：在电子商务条件下，出口商通过货运代理公司或船公司的网上订舱系统，填写托运单或订舱单，并发送给承运人。

2．D。理由：物流对电子商务可以起到如下作用：提高电子商务的效率与效益；协调电子商务的目标；扩大电子商务的市场范围；实现基于电子商务的供应链集成；集成电子商务中的商流、信息流与资金流；支持电子商务的快速发展；促使电子商务成为下个世纪最具竞争力的商务形式。

3．B。理由：电子商务下物流配送，就是信息化、现代化、社会化的物流配送。

4．D。理由：物流配送中心是重视商品流通的全方位功能，同时具有商品储存保管、流通行销、分拣配送、流通加工及信息提供。

5．A。理由：我国2001年公布的国标《物流术语》中，将第三方物流定义为“供方与需方以外的物流企业提供物流服务的业务模式”。

6．B。理由：国际物流系统是由商品的包装、储存、运输、检验、流通加工和其前后的整理、再包装以及国际配送等子系统组成。运输和储存子系统是物流系统的主要组成部分。

7．D。理由：电子物流的主要特点是前端服务与后端服务的集成。前端服务包括咨询服务（确认客户需求）、网站设计/管理、客户集成方案实施等。这部分功能是用户经常接触的。而电子物流的后端服务则包括六类主要的业务：订单管理、仓储与分拨、运输与交付、退货管理、客户服务以及数据管理和分析等。

8．A。理由：目前GPS在货物配送中主要运用了下列功能：（1）导航功能；（2）车辆跟踪功能；（3）货物配送路线规划功能；（4）信息查询；（5）话务指挥；（6）紧急援助。

9．C。理由：物流基本服务的内容包括：运输功能、库存功能和包装功能，而不包括满足特殊顾客的订货功能。

10．D。理由：物流标准化形式中的统一化是指在相互独立的系统中，选择与确定具有功能互换性或尺寸互换性的子系统或功能单元。

11．D。理由：配送是“配”和“送”的有机结合，为追求整个配送的优势，分拣、配货等项工作是必不可少的。

12．C。理由：配送的功能有益于物流运动实现合理化、有利于合理配置资源和可以降低物流成本，可以促进生产快速发展。尽可能利用新技术甚至开发新技术才能把配送做得更好。

13．C。理由：按功能角度来分类，配送中心可以分为：专业配送中心、柔性配送中心、供应配送中心、加工配送中心等。

14．D。理由：绿色包装材料包括：可食性包装材料、可降解材料、重复再用材料等，而一次性塑料杯不属于绿色包装材料。

15．A。理由：企业的产品能否通过分销渠道快速地分销到目标市场上，实现仓储、运输、配送等物流活动在渠道中的高效运作，主要取决于分销渠道中物流、配送网络的构建。

16. C。理由：企业一般将不擅长的物流管理业务转移至第三方物流企业，这样可以使企业专心致志地从事自己所熟悉的业务，将资源集中配置在核心事业上，减轻企业的负担。

17. A。理由：企业只有集中精力于核心业务，才能更关注服务工作，提高服务水平。

18. C。理由：第三方物流与企业为了共同的利益，摒弃了对立的立场，建立了战略联盟理念。

19. A。理由：管道运输的主要不足之处是运输物品受限制。

20. A。理由：物流信息管理包括物流信息的收集、处理、传递和存储。

21. C。理由：条形码和扫描技术在物流管理中主要应用于超市和零售商店的销售记账及物料搬运过程的跟踪。

22. B。理由：全球定位系统的简称是 GPS。

23. D。理由：在电子商务下，信息流的处理有时能完全通过计算机和网络通信设备实现。

24. D。理由：在电子商务下，物流的运作是以客户为中心的。

25. A。理由：随着物流配送系统的计算机网络系统的建立和电子商务的发展，物流配送中心于供应商、制造商及顾客之间的联系可通过物流配送系统的计算机通信网络实现。

（二）填空题

1. 网上订舱系统。理由：在电子商务条件下，出口商通过货运代理公司或船公司的网上订舱系统，填写托运单或订舱单，并发送给承运人。

2. 物流的信息化　物流的全球化趋势。理由：电子商务环境下物流业的发展将向以下几方面发展：（1）物流的信息化。（2）物流的全球化趋势。（3）物流业的多功能化发展。（4）物流企业的服务目标。

3. 信息化　现代化　社会化。理由：电子商务下物流配送，就是信息化、现代化、社会化的物流配送。

4. 商品流通。理由：配送中心是重视商品流通的全方位功能，同时具有商品储存保管、流通行销、分拣配送、流通加工及信息提供的功能。

5. 80 年代中期。理由："第三方物流"（Third Party Logistics，简称 3PL 或 TPL）是 80 年代中期由欧美提出的。

6. 国际间。理由：所谓国际物流，就是组织货物在国际间的合理流动，也就是发生在不同国家之间的物流。

7. 国际贸易和跨国经营。理由：国际物流的总目标是为国际贸易和跨国经营服务，即选择最佳的方式与路径，以最低的费用和最小的风险，保质、保量、适时地将货物从某国的供方运到另一国的需方。

8. 互联网的技术。理由：电子物流是利用互联网的技术来完成物流全过程的协调、控制和管理，实现从网络前端到最终客户端的所有中间过程服务，最显著的特点是各种软件与物流服务的融合应用。

9. 前端服务　后端服务　前端服务。理由：电子物流的主要特点是前端服务与后端服务的集成。前端服务包括咨询服务（确认客户需求）、网站设计/管理、客户集成方案实施等。这部分功能是用户经常接触的。而电子物流的后端服务则包括六类主要的业务：订单管理、仓储与分拨、运输与交付、退货管理、客户服务以及数据管理和分析等。

10. GIS　电子跟踪。理由：美国联合包裹服务公司（UPS）是世界最著名的物流公司之一，曾被《财富》杂志评为邮政、包裹运送及货物配送领域内“全球最受推崇”的公司。UPS 通过全面利用 GPS 和 GIS 技术，能够对每日运送的 1 300 万个邮件进行电子跟踪；UPS 的司机携带了一块电子操作板，可同时利用网络开拓新的综合商务渠道。

（三）简答题

1. 答：在电子商务条件下，出口商通过货运代理公司或船公司的网上订舱系统，填写托运单或订舱单，并发送给承运人。承运人根据托运单的内容，并结合船舱航线、船期、舱位等情况，确认订舱后，向托运人签发配舱回单告知承运的船名和航次。

2. 答：电子商务环境下物流业的发展将向以下几方面发展：

第一，物流的信息化。

第二，物流的全球化趋势。

第三，物流业的多功能化发展。

第四，物流企业的服务目标。

3. 答：电子商务下物流配送，就是信息化、现代化、社会化的物流配送。它是指物流配送企业采用网络化的计算机技术和现代化的硬件设备、软件系统及先进的管理手段，针对社会需求，严格地、守信用地按用户的订货要求，进行一系列分类、编配、整理、分工、配货等理货工作，定时、定点、定量地交给没有范围限度的各类用户，满足其对商品的需求。

电子商务的物流配送具有自身的特点：①信息化；②自动化；③网络化；④智能化；⑤柔性化。

4. 答：由供应货车到达码头开始，经“进货”作业确认进货品后，便依次将货品“储存”入库。为确保在库货品受到良好的保护管理，需进行定期或不定期的“盘点”检查。当接到客户订单后，先将订单依其性质作“订单处理”，之后即可按处理后的订单信息将客户订购货品从仓库中取出的“拣货”作业。拣货完成一旦发觉拣货区所剩余的存量过低，则必须由储区来“补货”，当然，若整个储区的存量亦低于标准，便应向上游采购进货。而从仓库拣出的货品经整理后即可准备“出货”，等到一切出货作业完成后，司机便可将出货品装上配送车，将之“配送”到各个客户点交货。

5. 答：在我国 2001 年公布的国标《物流术语》中，将第三方物流定义为“供方与需方以外的物流企业提供物流服务的业务模式”。

第三方物流给企业（顾客）带来了众多好处，主要表现在：①集中主业；②节省费用，减少资本积压；③减少库存；④提升企业形象。

6. 答：国际物流系统是由商品的包装、储存、运输、检验、流通加工和其前后的整理、再包装以及国际配送等子系统组成。运输和储存子系统是物流系统的主要组成部分。国际物流通过商品的储存和运输，实现其自身的时间和空间效益，满足国际贸易活动和跨国公司经营的要求。

7. 答：电子物流是利用互联网的技术来完成物流全过程的协调、控制和管理，实现从网络前端到最终客户端的所有中间过程服务，最显著的特点是各种软件与物流服务的融合应用。

电子物流的主要特点是前端服务与后端服务的集成。电子物流的前端服务是至关重要的。前端服务包括咨询服务（确认客户需求）、网站设计/管理、客户集成方案实施等。这部分功能是用户经常接触的。而电子物流的后端服务则包括六类主要的业务：订单管理、仓储与分拨、运输与交付、退货管理、客户服务以及数据管理和分析等。

8. 答：目前 GPS 在货物配送中主要运用了下列功能：导航功能、车辆跟踪功能、货物配送路线规划功能、信息查询、话务指挥、紧急援助。

9. 答：GIS 应用于物流，主要是指利用 GIS 强大的地理数据功能来完善物流分析技术。完整的 GIS 物流分析软件集成了车辆路线模型、最短路径模型、网络物流模型、分配集合模型和设施定位模型等。

（四）操作题

1. 网上租船订舱。

操作指南（以广州外轮代理为例）：

（1）出口公司通过登录广州外轮代理的网站 http：//www. penavicogz. com. cn/freight/order. asp，在网上填写“广州中远物流公司货运订舱”单，如图 6－1 所示。填写完成后点击“提交”。

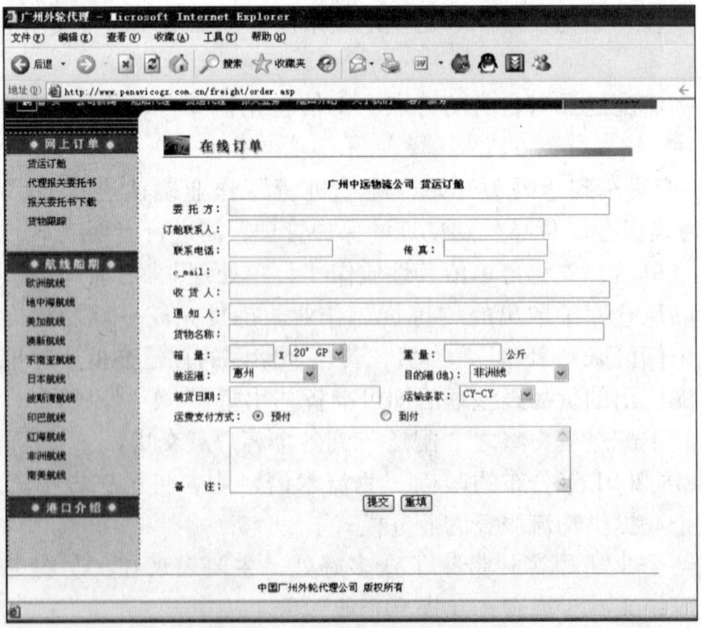

图 6－1　网上货运订舱

（2）广州中远物流公司收到订舱单后，网上审核订舱单，确定装运船舶后，将订舱单的配舱回单退回，并将全套装货单发送给出口公司填写，完成订舱。

（3）货物经海关查验放行后，即由船长或大副签收“收获单”。外轮公司签发给托运人表明货物已装妥的临时收据。托运人凭收据单向外轮公司交付运费并换取正式提单。

2．登录美国联邦速递公司（www.fedex.com/cn），了解物流公司的情况。

操作指南：

进入美国联邦速递公司（www.fedex.com/cn）主页，如图6－2所示，有寄件、查询货件、费率和托运时间查询、投递地点、包装材料和清关指南六个按钮。

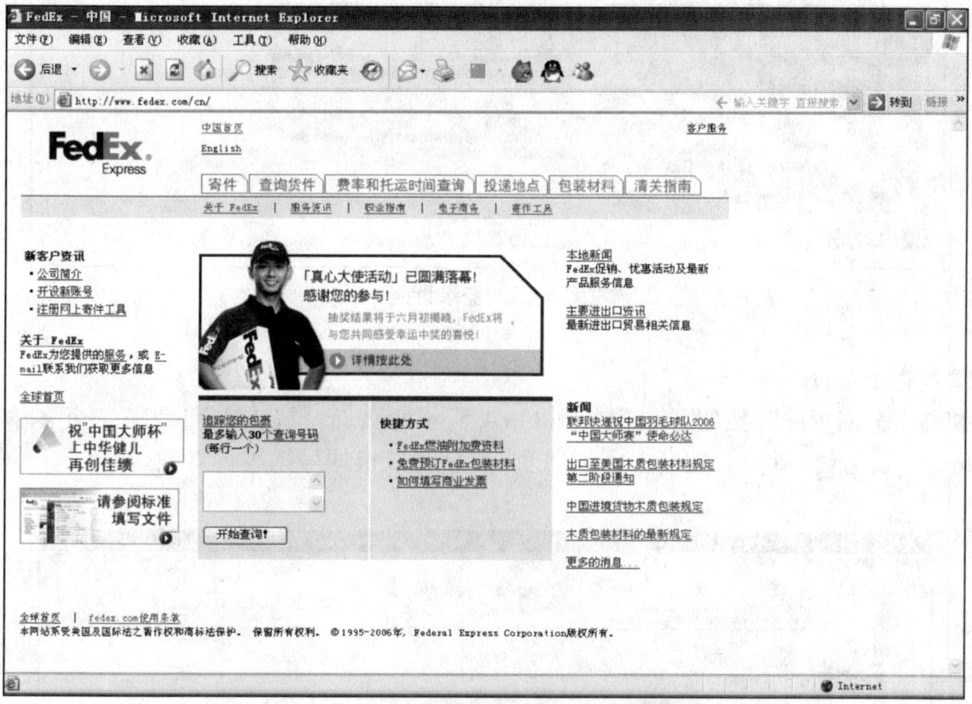

图6－2　美国联邦速递公司中国主页

（1）寄件。

单击“寄件”按钮，出现寄件窗口，如图6－3所示，需要用户登录入网，如新用户必须先注册，下载FedEx（r）Ship Manager at fedex.com的PDF格式用户手册。注册完成就可以登录。然后输入收件人信息、指定包裹明细、指定付款明细、选择特别服务、选择托运选项、输入参考信息、输入发票信息（仅限于非文件类货件）、输入海关信息（仅限于非文件类货件）等资料。

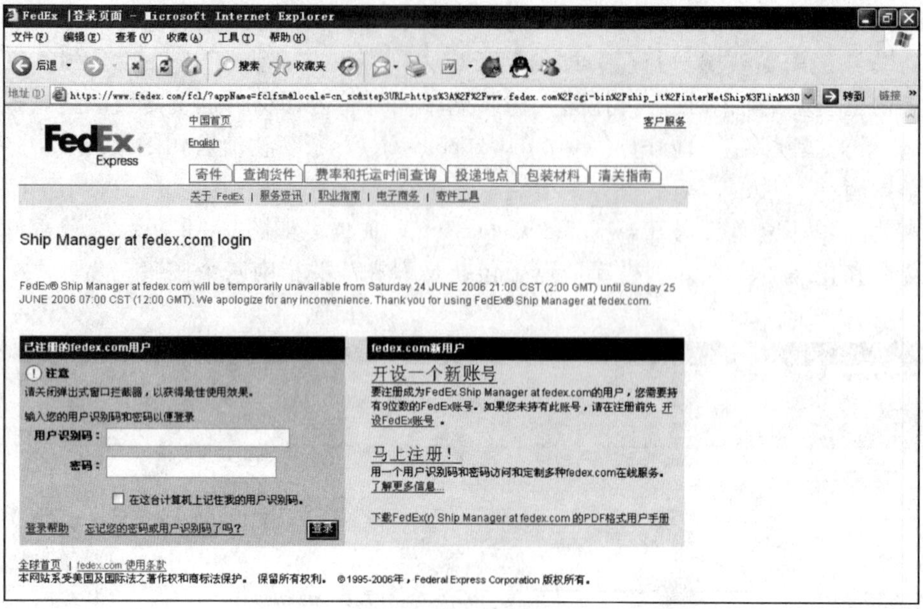

图 6－3　登录页面

（2）查询货件。

单击"查询货件"按钮，出现如图 6－4 所示的页面，输入查询号码（至多输入 30 个，每个查询号码一行）。然后单击"查询"，就可以根据号码进行查询。

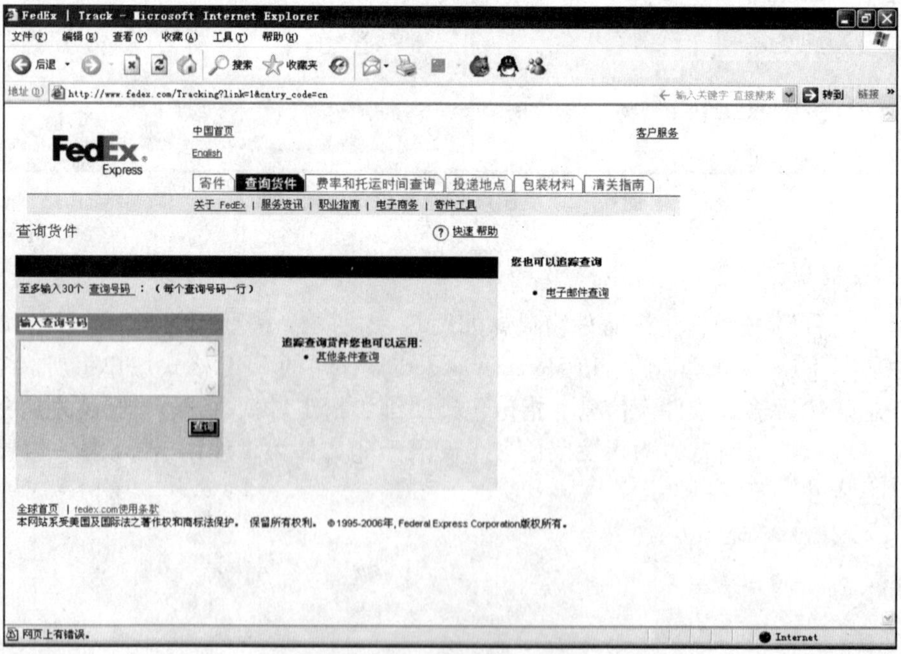

图 6－4　查询货件页面

（3）费率和托运时间查询。

单击“费率和托运时间查询”按钮，出现如图6－5所示的页面，填入相关资料就可以查询。

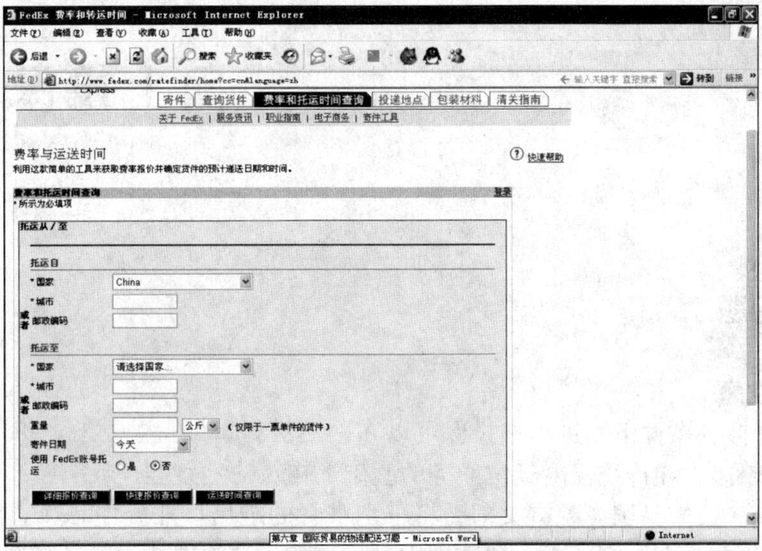

图6－5　费率和托运时间查询页面

（4）投递地点。

单击“投递地点”按钮，出现如图6－6所示的页面，联邦快递在全球各地共设有超过44 000个投递地点，近在咫尺。若您可以利用这些便捷的投递地点，那可谓省钱又省力。您可以将文件或包裹亲自送至我们设于全球各地的授权寄件中心、全球服务中心、操作站、口岸部或投递箱。

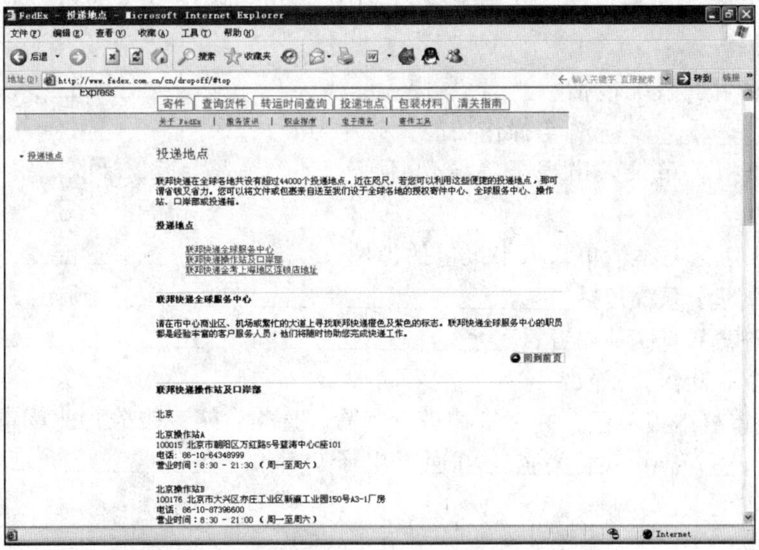

图6－6　投递地点页面

此外，还可以预订包装材料、选择国际运送工具及单据等。

第七章
网上投保、报关

一、练习题

（一）填空题

1. 在电子商务条件下，进出口投保可以在网上进行，即________，也就是利用互联网和电子商务手段，在传统保险经纪业务的基础上构筑的________。

2. 中国电子口岸是国务院有关部委将分别掌管的进出口业务信息流、资金流、货物流电子底账数据集中存放到口岸公共数据中心，为各行政管理部门提供跨部门、跨行业的行政执法数据联网核查，并为企业提供与行政管理部门及中介服务机构联网办理进出口业务的门户网站。网址为：________________。

3. ________，借助于高科技手段，使管理部门各项进出口管理作业更规范、统一、透明，各部门、各操作环节相互制约，相互监督，从机制上加强了管理部门廉政建设。

4. 企业法人卡又称公章卡，是指在中国电子口岸中唯一代表企业身份的________卡。该卡由企业的法定代表人或其指定的人员持有，可以为本企业人员申领操作员卡，并享有对本企业的操作员卡进行停用、注销等管理权限，并可以法人名义对本企业的电子文件进行________。

5. 出口收汇子系统包括__________________、__________________、__________________、__________________等操作功能。

6. 进出口报关单录入申报子系统包括________________、修改、申报和打印以及________等功能。

7. 出口加工区备案清单录入申报包括各种______________、________等功能。

8. 企业管理子系统包括________________、________________和________等功能。

9. 数据备案共有四项内容：__________________、__________________、__________________、企业操作员权限备案。

10. 海关审核申报单证，并对货物进行查验，查验合格，报关企业按章纳税后，海关予以放行。在此过程中，报关企业可通过电子口岸的______________进行报关单状态查询。

（二）问答题

1. 在线保险有哪些优点？

2. 在线投保的程序如何？

3. 建设中国电子口岸有什么意义？

4. 中国电子口岸有哪些子系统？

5. 现在，通过中国电子口岸的出口收汇子系统，企业可以实现什么操作？为什么使用了该系统后可以从根本上解决了假冒、伪造核销单问题？

6. 什么是在线报关代理公司？

7. 如何进行在线委托报关？

8. 中国电子口岸系统中的报关单录入申报子系统有什么功能？

（三）操作题

1. 登录平安保险公司（www. pa18. com）网站，了解在线保险的过程。

2. 登录中国电子口岸网站，了解通关情况。

二、参考答案

（一）填空题

1. 在线投保　电子保险经纪。理由：在电子商务条件下，进出口投保可以在网上进行即在线投保，也就是利用互联网和电子商务手段，在传统保险经纪业务的基础上构筑的电子保险经纪。

2. WWW. CHINAPORT. GOV. CN。理由：中国电子口岸是国务院有关部委将分别掌管的进出口业务信息流、资金流、货物流电子底账数据集中存放到口岸公共数据中心，为各行政管理部门提供跨部门、跨行业的行政执法数据联网核查，并为企业提供与行政管理部门及中介服务机构联网办理进出口业务的门户网站。网址为：WWW. CHINAPORT. GOV. CN。

3. 中国电子口岸。理由：中国电子口岸，借助于高科技手段，使管理部门各项进出口管理作业更规范、统一、透明，各部门、各操作环节相互制约，相互监督，从机制上加强了管理部门的廉政建设。

4. IC　数字签名。理由：企业法人卡又称公章卡，是指在中国电子口岸中唯一代表企业身份的IC卡。该卡由企业的法定代表人或其指定的人员持有，可以为本企业人员申领操作员卡，并对本企业的操作员卡进行停用、注销等管理，并可以法人名义对本企业的电子文件进行数字签名。

5. 企业网上核销单申领　核销单出口口岸备案　核销单交单　核销单挂失。理由：出口收汇子系统包括企业网上核销单申领、核销单出口口岸备案、核销单交单、核销单挂失等操作功能。

6. 进出口报关单录入　综合查询。理由：进出口报关单录入申报子系统包括进出口报关单录入、修改、申报和打印以及综合查询等功能。

7. 电子账册的备案　变更。理由：出口加工区备案清单录入申报包括各种电子账册的备案、变更等功能。

8. 企业数据备案　数据备案的变更　综合查询。理由：企业管理子系统包括企业数据备案、数据备案的变更和综合查询等功能。

9. 企业基本信息备案 企业权限信息备案 企业操作员信息备案。理由：数据备案共有四项内容：企业基本信息备案、企业权限信息备案、企业操作员信息备案、企业操作员权限备案。

10. 报关单查询系统。理由：海关审核申报单证，并对货物进行查验，查验合格，报关企业按章纳税后，海关予以放行。在此过程中，报关企业可通过电子口岸的报关单查询系统进行报关单状态查询。

（二）问答题

1. 答：在线保险的优点有：

①互联网和电子商务可以大大降低保险业的成本。

②互联网可提供全球范围内，每天 24 小时、全年 365 天不间断的保险广告、咨询、销售及索赔等在线服务，真正实现保险无时不在、无处不有的保障功能。

③互联网的应用将改变保险公司与投保人之间的关系，增加投保人和被投保人的消费者主权。在互联网上，跨国保险公司和个人投保人将处于平等的地位。

④电子商务构筑的客户人信息管理系统和电子结算系统，将为客户提供更好的查询和交易工具，而且在网上可实行比较各保险公司的产品内容和产品价格（保险费率）及相关的服务内容。

⑤保险服务网站建立的个人空间和电子信箱不仅可为投保人提出保险需求提供方便，还可以连接大量的保险代理商和代理人的服务，而且还会进一步吸引大量的保险下游服务商。

⑥互联网在对付巨灾风险和安排再保险方面有更大优势。这种优势不仅仅表现在大幅度减少了再保险安排费用（交易费用），而且可以实现全球风险的即时再保险。这不仅为保险风险证券化提供了可能。而且为各地区保险公司承保巨灾提供了保证，使投保人有更多的机会转移风险。

2. 答：在线投保程序如下：

①注册客户输入其用户名及密码；新客户须申请用户名和密码。

②进入“在线投保”，选择投保险种。

③阅读所选险种的简要说明和条款。

④填写所选险种投保问询表。

⑤网上递交根据投保问询表生成的投保单。

⑥在线等待保险公司实时核保后，投保人可进入付款程序，即选择付款方式：选择网上付款的投保人，须输入个人资料，发出付款确认指令后，在线等待实时确认，接到确认反馈信息后，付款过程即告结束。选择单到付款的投保人，发出付款确认指令即可。

⑦在线保险网络（如太平洋保险的太保服务新干线、平安保险 PA 新概念）中的保单管理区查询反馈结果。

⑧保险公司将投保单和保单送达或寄达投保人。

⑨投保人收到投保单和保单后，须在投保单上签字（法人须加盖公章），并将签字（法人须加盖公章）后的投保单交给送单人或寄回保险公司。选择单到付款的客户还须在收到投保单及保单的同时，将保费交给送单人。

3. 答：建设中国电子口岸的意义有：

①强化监督管理，实现综合治理；

②规范执法行为，促进政务公开；

③提高贸易效率，降低贸易成本；

④规范进出口贸易秩序；

⑤促进中国电子政务发展；

⑥促进中国电子商务发展。

4. 答：中国电子口岸包含的子系统有：出口收汇子系统、进出口报关单录入申报子系统、出口加工区备案清单录入申报子系统、企业 IC 卡管理子系统、企业管理子系统。

5. 答：出口收汇子系统包括企业网上核销单申领、核销单出口口岸备案、核销单交单、核销单挂失等操作功能。企业用户可通过本系统向外汇管理局提交网上申领核销单及核销单交单申请，对核销单进行出口报关口岸备案，以及对核销单各项信息进行综合查询。

目前，不法分子利用伪造、变造、盗用、冒用纸质核销单进行套汇、走私、骗税等违法犯罪活动十分猖獗。出口收汇子系统投入使用后，企业随时可上网申领出口收汇核销单，外汇局上网核发核销单，并将核销单电子底账存放到公共数据中心，提供给海关和国税部门在办理出口报关和出口退税业务时联网核查核销，从而提高监管水平，有效防范不法分子利用伪造、变造、盗用、冒用纸质核销单进行套汇、走私、骗税等违法活动。

6. 答：在线报关代理公司主要从事进出口货物报关，进出口货物的海陆空运输，海关监管货物的转关运输，三来一补保税货物的仓储和运输，国际展览货物的运输，个人物品出入境服务及内陆货物运输等其他相关服务。

7. 答：在线委托报关分两步（以中国广州外轮代理公司为例）：

第一，填写代理报关业务委托书，委托书如下：

第 联 交海关留存

代理报关委托书

( ) 报托第 号

我单位现委托贵公司代理货物__________________________________报关，
合同号：__________货名：__________件数：__________
毛 重：__________净重：__________价值：__________

我单位保证遵守《中华人民共和国海关法》及国家有关法规。保证提供的单证与所申报的货物相符。对所有申报货物的品名、价格、数量及其他应报各项的真实性、合法性负责。如有违反国家的有关规定和法规或不符之处，由我单位自行负责。

本委托书有效期至本委托书项下货物报关、缴税/退税完毕止。

委托单位名称：（盖章） 代理单位名称：（盖章）

海关注册登记编码： 海关注册登记编码：
法定代表人姓名： 法定代表人姓名：
经办人： 经办人：
联系电话： 联系电话：
传真： 传真：
地址： 地址：

日期： 年 月 日

第二，填写代理报关委托书。登录中国广州外轮代理公司网站（http://www.penavicogz.com.cn/），选择网上订单的代理报关委托书，如图7-1所示。填写完成后单击“提交”。

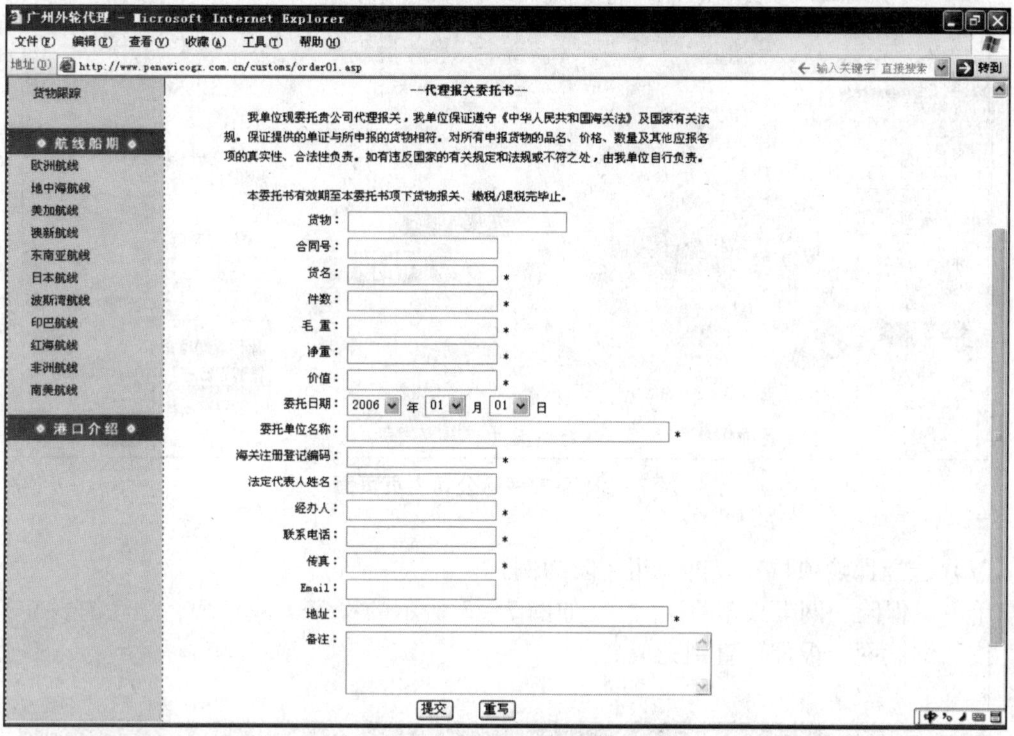

图7-1　代理报关委托书

8. 答：进出口报关单录入申报子系统包括进出口报关单录入、修改、申报和打印以及综合查询等功能。企业用户可持具有录入权限的操作员卡进行进出口报关单的录入，持具有申报权限的操作员卡向海关进行报关单申报，并可对报关单数据海关审核状态进行查询。

（三）操作题

1. 登录平安保险公司（www.pa18.com）网站，了解在线保险的过程。

操作指南：

登录平安保险公司（www.pa18.com）网站主页，出现如图7-2所示的页面。

中国平安保险（集团）股份有限公司（以下简称“中国平安”）是中国第一家以保险为核心的，融证券、信托、银行、资产管理、企业年金等多元金融业务为一体的紧密、高效、多元的综合金融服务集团。公司控股设立中国平安人寿保险股份有限公司（“平安寿险”）、中国平安财产保险股份有限公司（“平安产险”）、平安养老保险股份有限公司、平安资产管理有限责任公司、平安健康保险股份有限公司，并控股中国平安保险海外（控股）有限公司、平安信托投资有限责任公司（“平安信托”）。

图 7－2　平安保险公司主页页面

（1）选择保险项目（以网上买车险为例）。

单击“保险→网上买车险”，出现如图 7－3 所示的平安车险页面。填写有关信息之后，按“继续网上报价”直到完成。

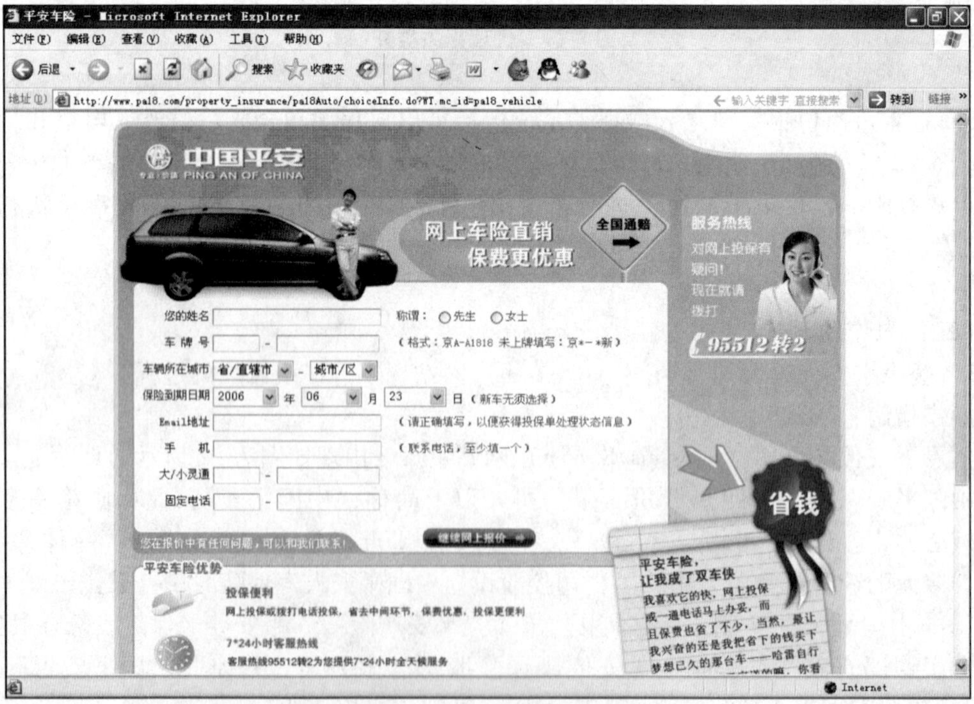

图 7－3　平安车险页面

（2）网上投保记录查询。

返回首页，选择“网上优惠”，出现如图7－4页面，单击“网上投保记录查询”按钮，输入查询条件（系统一般以投保人或被保险人信息作为默认的查询条件），然后按“确定”，就可以查询自己的网上投保记录。

图7－4 网上优惠页面

（3）网上支付保费。

返回上页，单击“网上支付保费”按钮，出现查询页面，因为在进行网上支付保费之前，先通过“网上投保记录查询”选择到需要支付的投保单，输入查询条件（系统一般以投保人或被保险人信息作为默认的查询条件）之后按“确定”按钮，就可以进行网上支付。如果对网上支付有疑问，可以先单击“网上支付说明”按钮，先了解网上支付的过程。

2．登录中国电子口岸网站，了解通关情况。

操作指南：

登录中国电子口岸网站，在IE地址栏输入：www.chinaport.gov.cn，进入中国电子口岸主页，如图7－5所示。

图 7－5 中国电子口岸主页

单击“海关实务”按钮，进入海关实务页面，如图 7－6 所示，页面有通关指南、统计数据、法务中心、报关员、国门影像的按钮。单击“通关指南”按钮，进入通关指南页面。在通关指南页面可以了解到通关法规、通关手续、货物通关、通关代码、进出口货物报关单填制规范等有关海关方面的知识。因为我们没有注册，因此不能真正进入该系统，不能实现申报报关的具体操作。

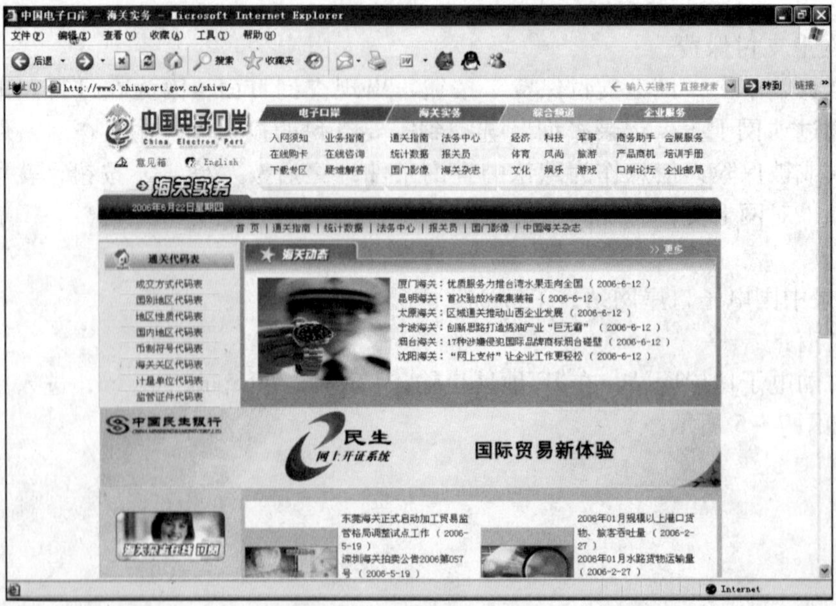

图 7－6 海关实务页面

第八章
网上制单结汇

一、练习题

（一）单项选择题

1．电子支付是指电子交易的当事人使用安全电子支付手段，通过（　　）进行的货币支付或资金流转。

A．中介银行　　B．开户银行
C．发卡银行　　D．网络

2．出于安全性考虑，网上支付密码最好是（　　）。

A．用字母和数字混合组成　　B．用银行提供的原始密码
C．用常用的英文单词　　D．用生日的数字组成

3．电子现金的优点是（　　）。

A．实用　　B．成本高
C．风险大　　D．无纸化

4．电子钱包网上购物的步骤（　　）。

A．上网查询—下订单—选定好商品—用电子钱包付款—清算
B．选定好商品—上网查询—下订单—用电子钱包付款—清算
C．上网查询—选定好商品—用电子钱包付款—下订单—清算
D．上网查询—选定好商品—下订单—用电子钱包付款—清算

5．智能卡（IC）上的价值由（　　）保护，只有用户能访问它。

A．个人密码（PIN）　　B．数字信封
C．数据摘要　　D．数字签名

6．电子支票在使用过程中，需通过（　　）来鉴定支票的真伪。

A．密押　　B．验证中心
C．银行　　D．商家

7．和传统的支付手段相比，目前国内网上支付的显著特点是（　　）。

A．对设备要求更高　　B．更加安全
C．覆盖范围更广　　D．为更多商家所接受

8．一般网上银行不提供的服务（　　）。

A. 为在线交易双方发放电子证书

B. 为在线交易的买卖双方办理交割手续

C. 办理同行转账业务

D. 即时金融信息服务

9. 在电子商务中，电子钱包是指一种（　　）。

A. 电子货币　　B. 所有电子货币的总称

C. 电子支付工具　　D. 用于保存现金的电子装置

10. 智能卡的结构不包括（　　）。

A. 作为智能卡应用程序接口的代理　　B. 处理支付网关的协议

C. 建立智能卡的程序编制器　　D. 处理智能卡操作系统的代理

11. 智能卡的国内标准不包括（　　）。

A. 中国金融集成电路（IC）卡系统规范

B. 与金融 IC 卡规范相配合的 POS 设备的规范

C. 中国 ATM 卡规范

D. 中国金融 IC 卡卡片规范及中国金融 IC 卡应用规范

12. 在电子商务中，所有的买方和卖方都在虚拟市场上运作，其信用依靠（　　）。

A. 现货付款　　B. 密码的辨认或认证机构的认证

C. 双方订立书面合同　　D. 双方的互相信任

13. 在信用卡交易中，（　　）担保向收受信用卡的商家付款。

A. 持卡人的开户银行　　B. 持卡人的担保人

C. 发卡机构　　D. 持卡人

（二）填空题

1. 在国际电子商务中，贸易单据可以利用____________来制作，这样既减轻了业务人员的工作强度，又提高了单据的正确性和制单工作的效率，保证了及时结汇。

2. 通过中国电子口岸的____________可以实现网上申领核销单及核销单交单申请，对核销单进行出口报关备案，以及对核销单各项信息进行综合查询。

3. 网上银行（Internet Banking）是指设在互联网上的网上站点，它没有银行大厅，没有营业网点，只需通过与互联网连接的计算机进入该站点，就能够 24 小时内在任何地方进行银行提供的各项业务的一种金融机构，又被称做“________”（Virtual Bank）。

4. 网上银行又可以分为________________和________________。

5. SWIFT 又称“____________________”，是国际银行同业间的国际合作组织，成立于 1973 年，目前全球大多数国家的大多数银行已使用 SWIFT 系统。

6. 中国银行的________是中国银行在全国推广的应用系统，它较全面地利用了 SWIFT 标准化格式的特点，实现收付清算的自动化处理。

（三）问答题

1.《EASYTODO——外贸业务管理系统》有哪些外贸业务方面的功能？

2. 中国电子口岸的出口收汇系统如何实现网上核销？

3. 网上银行的定义是什么？它有哪些优势？
4. 请列举招商银行个人网上银行的功能。
5. 什么是 SWIFT？SWIFT 有哪些功能？
6. 中国银行的收付清算系统有哪些特点？

（四）操作题

1. 使用《EASYTODO——外贸业务管理系统》制单。
2. 登录招商银行（www. cmbchina. com）网站，了解网上银行的情况。

二、参考答案

（一）单项选择题

1. D。理由：电子支付是指电子交易的当事人使用安全电子支付手段，通过网络进行的货币支付或资金流转。

2. A。理由：出于安全性考虑，网上支付密码最好是用字母和数字混合组成。

3. D。理由：电子现金的优点是无纸化。

4. D。理由：电子钱包网上购物的步骤：上网查询—选定好商品—下订单—用电子钱包付款—清算。

5. A。理由：智能卡（IC）上的价值由个人密码（PIN）保护，只有用户能访问它。

6. B。理由：电子支票在使用过程中，需通过验证中心来鉴定支票的真伪。

7. A。理由：和传统的支付手段相比，目前国内网上支付的显著特点是对设备要求更高。

8. A。理由：网上银行提供的服务：（1）提供即时资讯：可以即时查询结存的余额、外汇报价、利率等信息；（2）办理银行一般交易：如客户往来、储蓄、转账等；（3）办理交割手续：在线交易的买卖双方办理交割手续，如基本支票业务、信用卡服务等。为在线交易双方发放电子证书不属于网上银行所提供的服务。

9. C。理由：在电子商务中，电子钱包是指一种电子支付工具。

10. B。理由：智能卡的结构不包括处理支付网关的协议。

11. C。理由：智能卡的国内标准包括中国金融集成电路（IC）卡系统规范、与金融 IC 卡规范相配合的 POS 设备的规范、中国金融 IC 卡卡片规范及中国金融 IC 卡应用规范，而不包括中国 ATM 卡规范。

12. B。理由：在电子商务中，所有的买方和卖方都在虚拟市场上运作，其信用依靠密码的辨认或认证机构的认证。

13. C。理由：在信用卡交易中，发卡机构担保向收受信用卡的商家付款。

（二）填空题

1. 电子商务信息系统。理由：在国际电子商务中，贸易单据可以利用电子商务信息系统来制作，这样既减轻了业务人员的工作强度，又提高了单据的正确性和制单工作的效率，保证了及时结汇。

2. 出口收汇系统。理由：通过中国电子口岸的出口收汇系统可以实现网上申领核销单及核销单交单申请，对核销单进行出口报关备案，以及对核销单各项信息进行综合查询。

3. 虚拟银行。理由：网上银行（Internet Banking）是指设在互联网上的网上站点，它没有银行大厅，没有营业网点，只需通过与互联网连接的计算机进入该站点，就能够24小时内在任何地方进行银行提供的各项业务的一种金融机构，又被称做“虚拟银行”（Virtual Bank）。

4. 企业网上银行　个人网上银行。理由：网上银行又可以分为企业网上银行和个人网上银行。

5. 环球同业银行金融电讯协会。理由：SWIFT又称“环球同业银行金融电讯协会”，是国际银行同业间的国际合作组织，成立于1973年，目前全球大多数国家的大多数银行已使用了SWIFT系统。

6. 收付清算系统。理由：中国银行的收付清算系统是中国银行在全国推广的应用系统，它较全面地利用了SWIFT标准化格式的特点，实现收付清算的自动化处理。

（三）问答题

1. 答：《EASYTODO——外贸业务管理系统》的外贸业务方面的功能有：货物管理、业务管理、客户管理、工厂管理、单证制作、财务分析。

2. 答：通过中国电子口岸的出口收汇系统可以实现网上申领核销单及核销单交单申请，对核销单进行出口报关备案，以及对核销单各项信息进行综合查询。

系统业务流程：

（1）申领核销单。企业操作员通过登录本系统企业界面申领核销单。

（2）外管局发放外汇核销单。企业持相关单据前往外汇管理局领取外汇核销单，外管局登录本系统外管局界面查询企业申请记录并向企业发放纸面核销单，发放的外汇核销单共三联（第1联为存根联供海关报关及企业向外管局交单使用、第2联供核销使用、第3联为退税专用）。

（3）口岸备案。核销单用于出口报关前，企业操作员登录本系统企业界面对核销单进行口岸备案。

（4）核销单数据传输。备案后，系统向海关内网传输核销单数据。

（5）出口报关单申报。出口企业使用中国电子口岸报关申报系统进行报关申报。

（6）出口报关单数据传输。系统向海关内网传输企业申报的出口报关单数据。

（7）出口报关单审单验放。海关操作员使用自身系统对出口报关单进行审单验放。

（8）出口结关报关单数据传输。海关系统通过专有通道向中国电子口岸数据中心传输已结关出口报关单电子数据。

（9）交单。出口企业登录本系统查询海关已验核销单及其对应的报关单数据，向外汇管提交报关单电子数据。

（10）传输出口结关报关单数据。系统将企业已交单确认的出口结关报关单数据传输至外汇管理总局。

（11）核销。出口企业收汇后，持相关单据到主管外汇管理局申请核销，外管局操作员使用自身系统查询从外汇管理总局接收的出口结关报关单数据，核对企业提交的纸面单据，对核销单进行核销。

3. 答：网上银行（Internet Banking）是指设在互联网上的网上站点，它没有银行大厅，没有营业网点，只需通过与互联网连接的计算机进入该站点，就能够24小时内在任何地方进行银行提供的各项业务的一种金融机构，又被称做“虚拟银行”（Virtual Bank）。网上银行经过注册登记，就会成为独立的银行。

网上银行的优势：

首先，网上银行可以减少固定网点数量，降低经营成本，而用户却可以不受空间、时间的限制，只要一台PC、一根电话线，无论在家里，还是在旅途中都可以与银行相连，享受每周7天、每天24小时的不间断服务。

其次，网上银行的客户端由标准PC、浏览器组成，便于维护。网上e-mail通信方式也非常灵活方便，便于用户与银行之间，以及银行内部之间的沟通。

4. 答：以招商银行“一卡通”为例，介绍个人网上银行的功能。

①账务管理；②网上购物支付；③定活互转业务；④同城转账业务；⑤异地汇款；⑥网上申请贷款；⑦网上外汇买卖；⑧银行—证券保证金转账；⑨网上缴费。

5. 答：SWIFT又称“环球同业银行金融电讯协会”，是国际银行同业间的国际合作组织，成立于1973年，目前全球大多数国家大多数银行已使用SWIFT系统。SWIFT的使用，使银行的结算提供了安全、可靠、快捷、标准化、自动化的通讯业务，从而大大提高了银行的结算速度。由于SWIFT的格式具有标准化，目前信用证的格式主要都是用SWIFT电文，因此有必要对SWIFT进行了解。

功能有：SWIFT用户接口的主要特点表现为通信速度快、可靠性强、对用户和用户银行的服务水平高、重新同步等。SWIFT规程被基于开放系统互联ISO体系结构的分层规程体系结构替换，每个通过系统的事务作业的逻辑确认，由应用层的逻辑终端提供。SWIFT档案文件加密在系统中的广泛应用，保证了系统很高的安全性和保密标准。

SWIFT系统能为各成员银行提供如下高效率金融业务和日常事务处理服务：客户汇款、银行汇款、外汇买卖和金融市场确认、贷款/存款、托收、证券交易、黄金/贵金属交易、跟单信用证、旅行支票、报告/确认和担保等。

6. 答：中国银行的收付清算系统是中国银行在全国推广的应用系统，它较全面地利用了SWIFT标准化格式的特点，实现收付清算的自动化处理，其特点表现在以下几个方面：①风险监控；②处理自动化；③保障银行资金安全；④加强银行管理。

（四）操作题

1. 使用《EASYTODO——外贸业务管理系统》制单。

操作指南：

（1）下载安装《EASYTODO——外贸业务管理系统》软件。

根据前面学习过的知识，在网上搜索《EASYTODO——外贸业务管理系统》，然后下载并安装，在Windows桌面上有“EASYTODO——外贸业务管理系统”的图标。

（2）系统登录。

系统安装完毕后可以从“开始—程序—EASYTODO外贸业务管理系统”处启动系统，

系统首先进入如图 8 - 1 所示界面，输入系统默认的管理员账号：ADMIN 口令：PASS 即可登录，默认的数据库是“Mydatabase”。鼠标移动到数据库框中，出现当前数据库名称对应的路径。该名称和数据库路径的对应关系在系统的数据库工具中进行设置。如果用户以前建立过其他数据库的话，也可以在数据库位置下拉列表中选择需要登录的数据库，如图 8 - 2 所示界面。

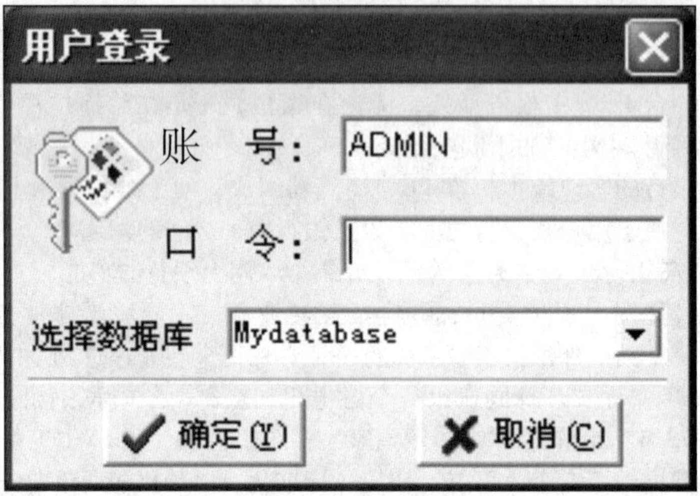

图 8 - 1 用户登录界面

图 8 - 2 登录的数据库设置页面

（3）单证制作。

根据客户合同，加入相应的单证条款（如图8－3），直接生成所有的单证。系统内置了二十几类三十多种单证，包括：发票（如图8－4）、装箱单、明细单（如图8－5）、报关单、体积单、重量单、受益人证明、保险单、产地证、普惠制原产地证、一般许可证、汇票、海运提单、托运单、欧共体出口许可证，纺织品出口许可证、海关发票、商品检验申请书、出口证明、报关委托书等。所有的单证采用单证模板的形式，单证模板决定了单证的格式，用户可以设定单证实际图片作为模板的底图，也可以根据需要制作或者修改单证模板或者进行模板编程。程序根据单证模板的格式和数据库中的数据生成单证。生成的单证具有可编辑性，用户可以直接在生成的单证上进行编辑，所见所得，类似于对Word文档的编辑。支持多种单证同时预览和打印（如图8－6），用户可以通过传真软件或内置的电子邮件功能直接发送单证。支持套打模式和口令保护。所有的单证可以直接转换为TXT文档、Word文档、Excel文档，HTML超文本文档等格式。

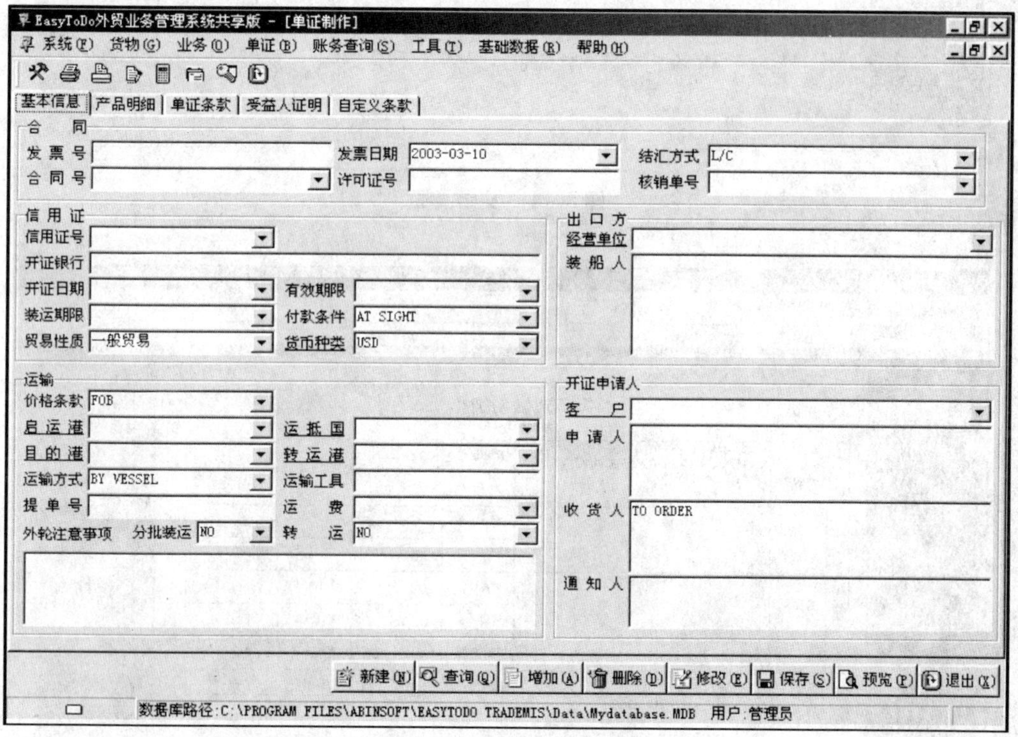

图8－3　输入条款界面

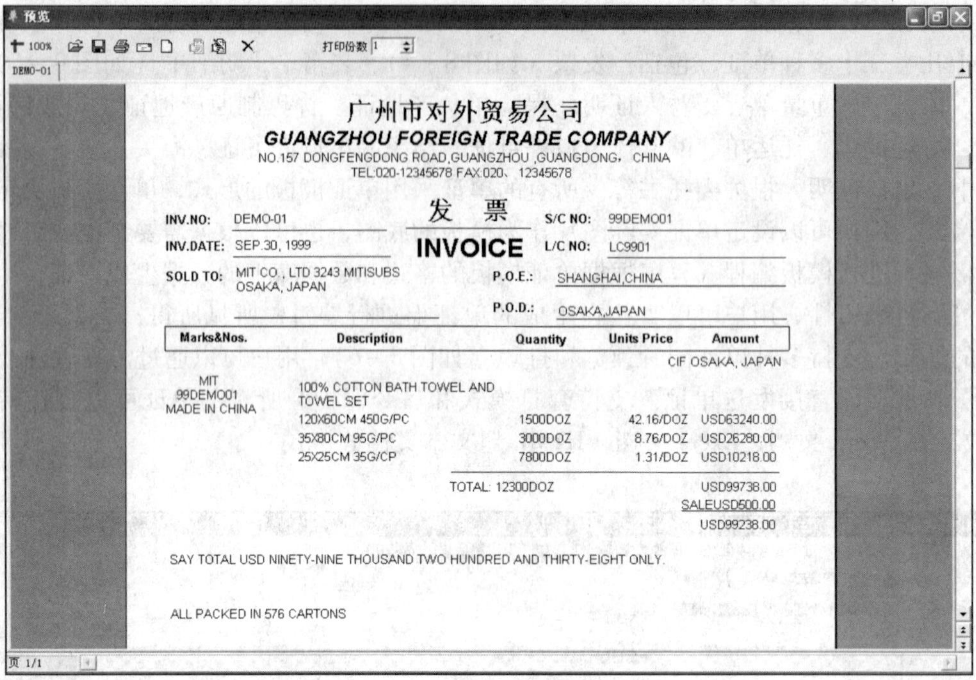

广州市对外贸易公司
GUANGZHOU FOREIGN TRADE COMPANY
NO.157 DONGFENGDONG ROAD,GUANGZHOU ,GUANGDONG, CHINA
TEL:020-12345678 FAX:020、12345678

发　票
INVOICE

INV.NO: DEMO-01　　S/C NO: 99DEMO01
INV.DATE: SEP.30, 1999　　L/C NO: LC9901
SOLD TO: MIT CO., LTD 3243 MITISUBS OSAKA, JAPAN　　P.O.E.: SHANGHAI,CHINA
P.O.D.: OSAKA,JAPAN

Marks&Nos.	Description	Quantity	Units Price	Amount
				CIF OSAKA, JAPAN
MIT 99DEMO01 MADE IN CHINA	100% COTTON BATH TOWEL AND TOWEL SET			
	120X60CM 450G/PC	1500DOZ	42.16/DOZ	USD63240.00
	35X80CM 95G/PC	3000DOZ	8.76/DOZ	USD26280.00
	25X25CM 35G/CP	7800DOZ	1.31/DOZ	USD10218.00
		TOTAL: 12300DOZ		USD99738.00
				SALEUSD500.00
				USD99238.00

SAY TOTAL USD NINETY-NINE THOUSAND TWO HUNDRED AND THIRTY-EIGHT ONLY.

ALL PACKED IN 576 CARTONS

图 8－4　发票页面

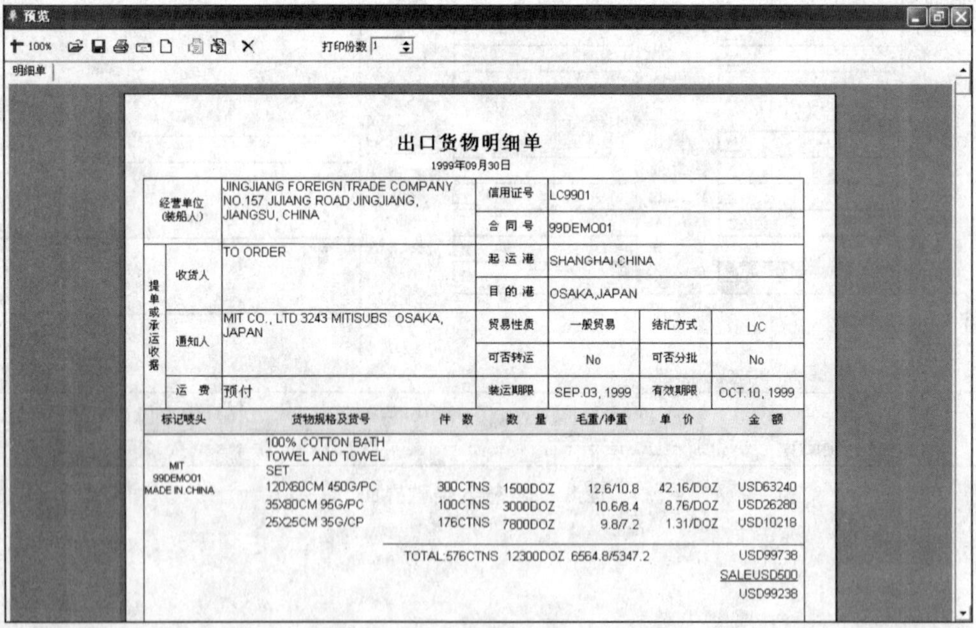

出口货物明细单
1999年09月30日

经营单位（装船人）	JINGJIANG FOREIGN TRADE COMPANY NO.157 JIJIANG ROAD JINGJIANG, JIANGSU, CHINA	信用证号	LC9901			
		合同号	99DEMO01			
提单或承运收据 收货人	TO ORDER	起运港	SHANGHAI,CHINA			
		目的港	OSAKA,JAPAN			
通知人	MIT CO., LTD 3243 MITISUBS OSAKA, JAPAN	贸易性质	一般贸易	结汇方式	L/C	
		可否转运	No	可否分批	No	
运费	预付	装运期限	SEP.03, 1999	有效期限	OCT.10, 1999	

标记唛头	货物规格及货号	件数	数量	毛重/净重	单价	金额
MIT 99DEMO01 MADE IN CHINA	100% COTTON BATH TOWEL AND TOWEL SET					
	120X60CM 450G/PC	300CTNS	1500DOZ	12.6/10.8	42.16/DOZ	USD63240
	35X80CM 95G/PC	100CTNS	3000DOZ	10.6/8.4	8.76/DOZ	USD26280
	25X25CM 35G/CP	176CTNS	7800DOZ	9.8/7.2	1.31/DOZ	USD10218
		TOTAL:576CTNS	12300DOZ	6564.8/5347.2		USD99738
						SALEUSD500
						USD99238

图 8－5　出口货物明细单界面

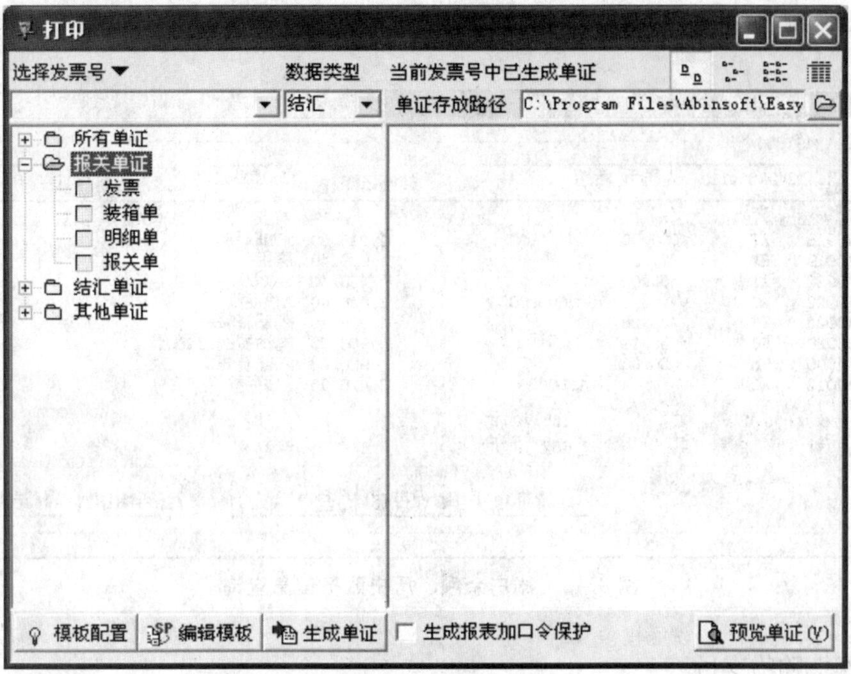

图 8－6　打印选择页面

2. 登录招商银行（www. cmbchina. com）网站，了解网上银行的情况。

操作指南：

登录招商银行（www. cmbchina. com）网站，出现招商银行主页，如图 8－7 所示。

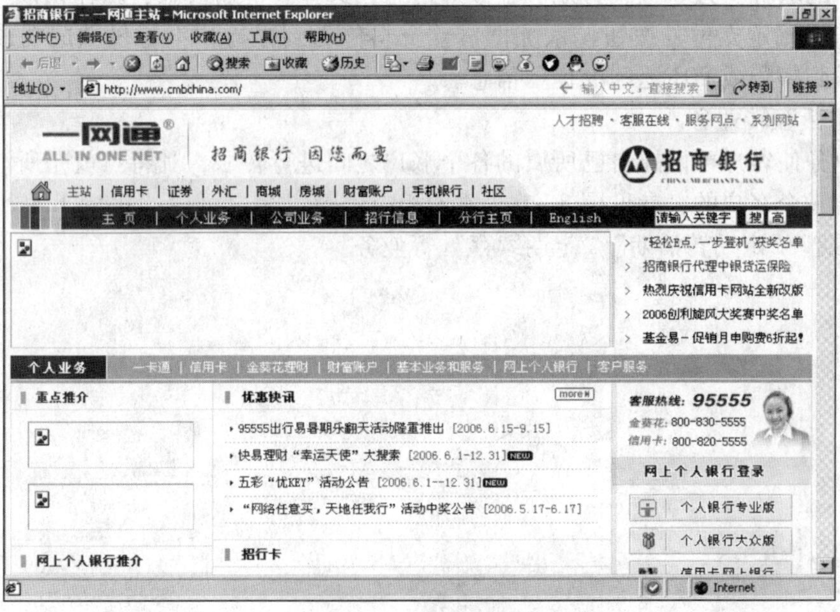

图 8－7　招商银行主页

(1) 账务管理。

提供客户账户余额、历史账务信息查询（见图 8－8）、修改密码、挂失等服务。

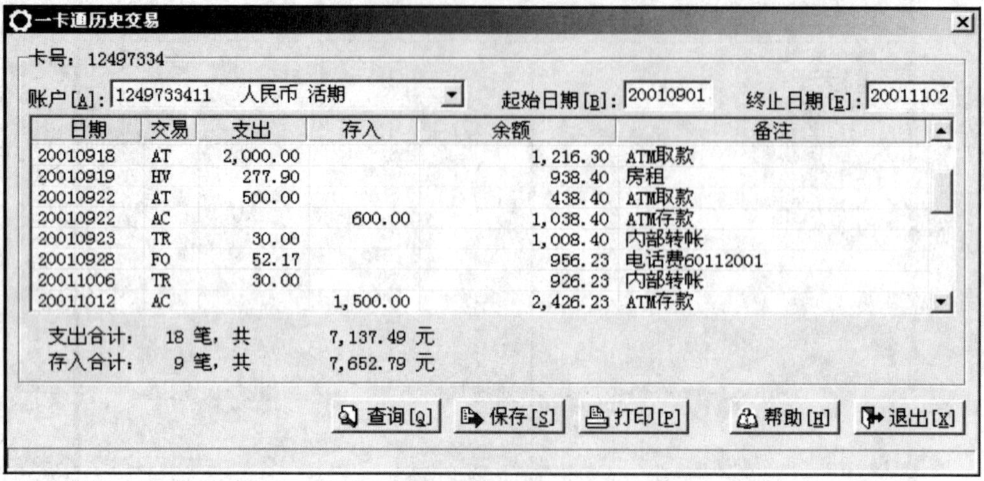

图 8－8　账户余额、历史账务信息查询

(2) 网上购物支付。

个人银行（专业版）的支付基于数字证书，有极强的安全性，支付限额由顾客自己设定，可用于大额支付。通过一卡通进行网上支付，可实现网上购物、网上缴费等业务。顾客在网上商店选购商品后，按商店提示，选择招商银行网上支付付款。这时浏览器将自动链接到招商银行网站，产生付款网页。顾客在付款网页中点击“招商银行个人银行（专业版）”，浏览器将弹出一个登录窗口。在登录窗口中输入用户名和密码，顾客即可看到网上商店的名称、订单号、日期、金额等信息；选择一卡通付款，并输入该一卡通取款密码，点击“确定支付”按钮，系统把付款资料传送到银行，不管付款成功或失败，顾客都可以看到银行或商店返回的提示信息。

(3) 定活互转业务。

这项业务使客户可以在自己所属的各个账户之间进行转账，其特点就是所涉及的账户都是属于同一个客户的，参见图 8－9。填入相应资料，客户可以通过网上银行自行办理“活期转定期”“定期转活期”“定期续存”等业务。

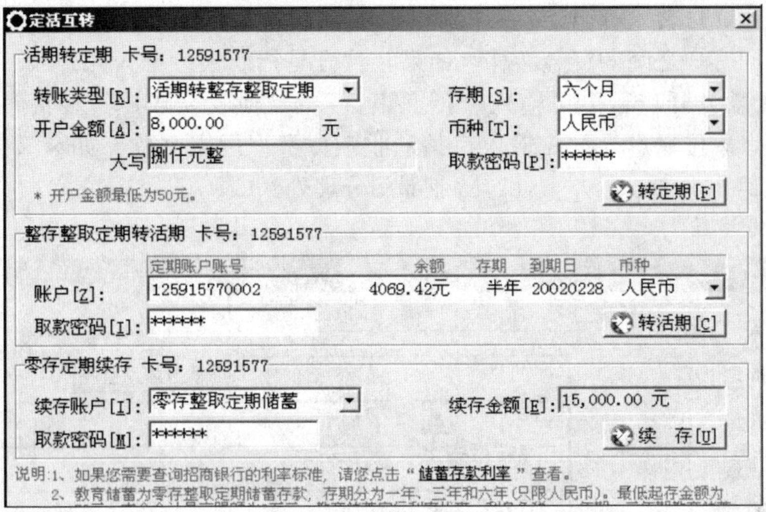

图 8－9　内部转账业务

(4) 同城转账业务。

客户可以通过《功能申请》开通转账功能。如果收款方是招商银行个人账户（一卡通、存折、信用卡），“收款方开户行”可输入“招商银行”；其他收款账户（招商银行单位账户、其他银行个人、单位账户）均需输入完整的收款方开户网点名称，如××银行××分行××支行（或信用卡中心、办事处、营业部、分理处），参见图 8－10。

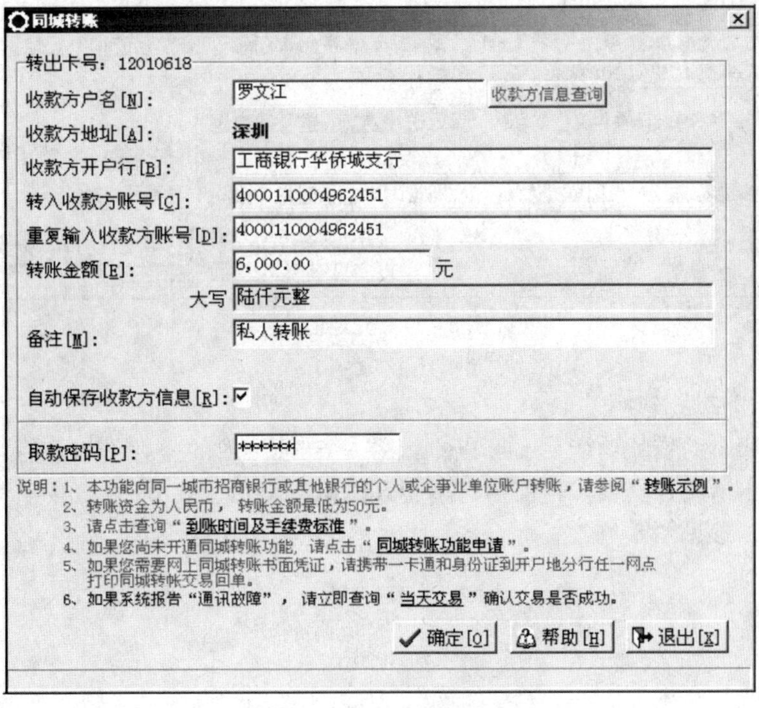

图 8－10　同城转账

(5) 异地汇款。

向异地银行账户转入资金，包括招商银行行内快速汇款、普通汇款及其他银行普通汇款，实现了不同客户之间的资金转移。如果收款方是招商银行个人账户（一卡通、存折、信用卡），“收款方开户行”可输入“招商银行”；其他收款账户（招商银行单位账户、其他银行个人、单位账户）均需输入完整的收款方开户网点名称，如××银行××分行××支行（或信用卡中心、办事处、营业部、分理处），参见图8-11。

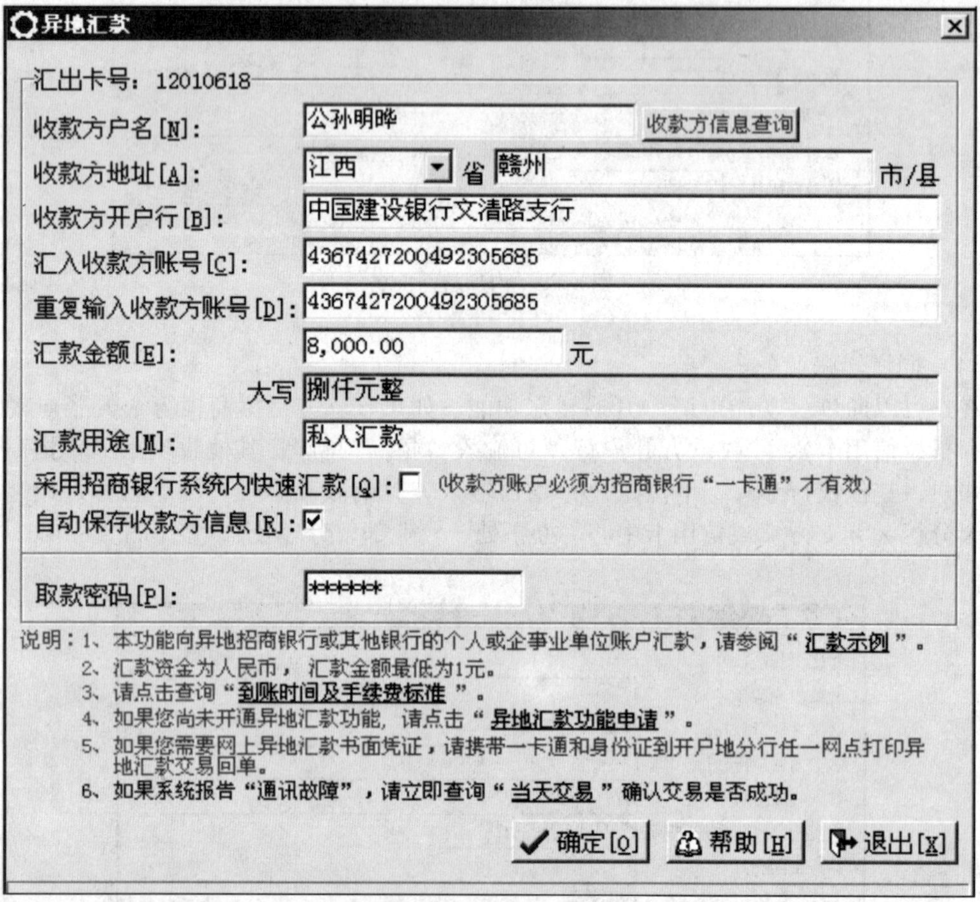

图8-11　异地汇款

(6) 网上申请贷款。

在申请开通自助贷款功能后，可以本人“一卡通”内的整存整取和存本取息两类定期存款向招行申请质押贷款。目前招行接受人民币、美元、港币、日元四个币种的定期储蓄存款作质押，参见图8-12。

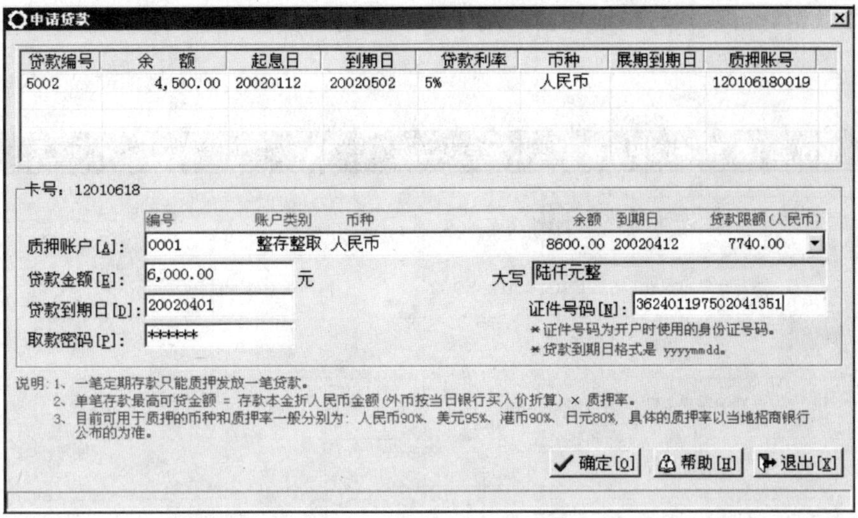

图 8－12　网上申请贷款

（7）网上外汇买卖。

客户可在网上银行自行办理外汇买卖。办理交易委托之前，需先“询价”，然后根据银行报价，请确定客户的委托汇价，输入委托资料，点击“委托”按钮。对当天的未成交委托，客户可以进行撤单，参见图 8－13。

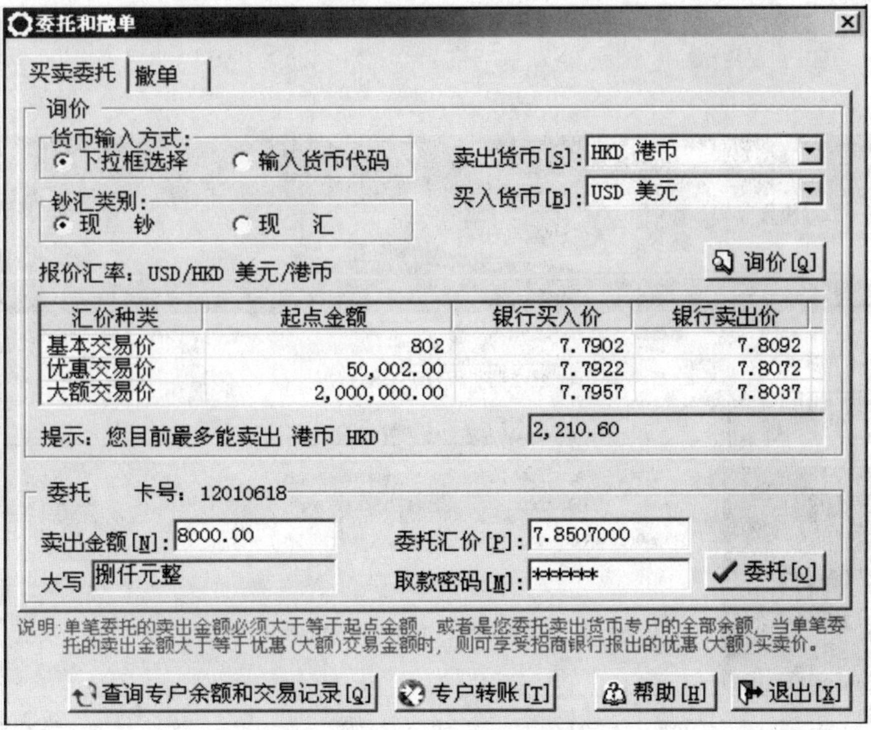

图 8－13　网上外汇买卖

（8）银行—证券保证金转账。

客户可以将储蓄存款转往证券公司用于炒股，也可以将资金从证券公司转往银行储蓄账户，参见图 8－14。

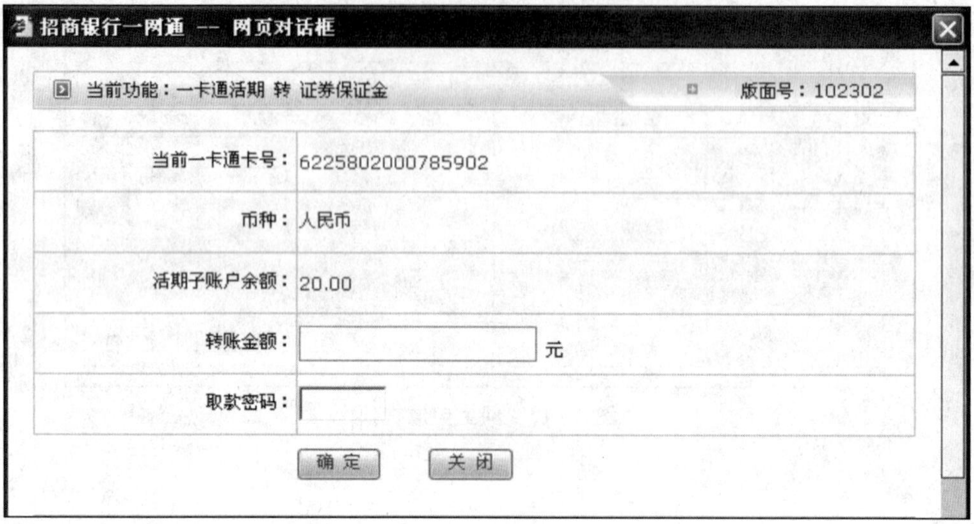

图 8－14　银行—证券保证金转账

（9）网上缴费。

办理一卡通综合缴费业务，参见图 8－15。有普通缴费、保险缴费和直付通。要进行网上缴费前，必须先申请，点击“功能申请”按钮，出现如图 8－16 所示的手机费网上申请页面。

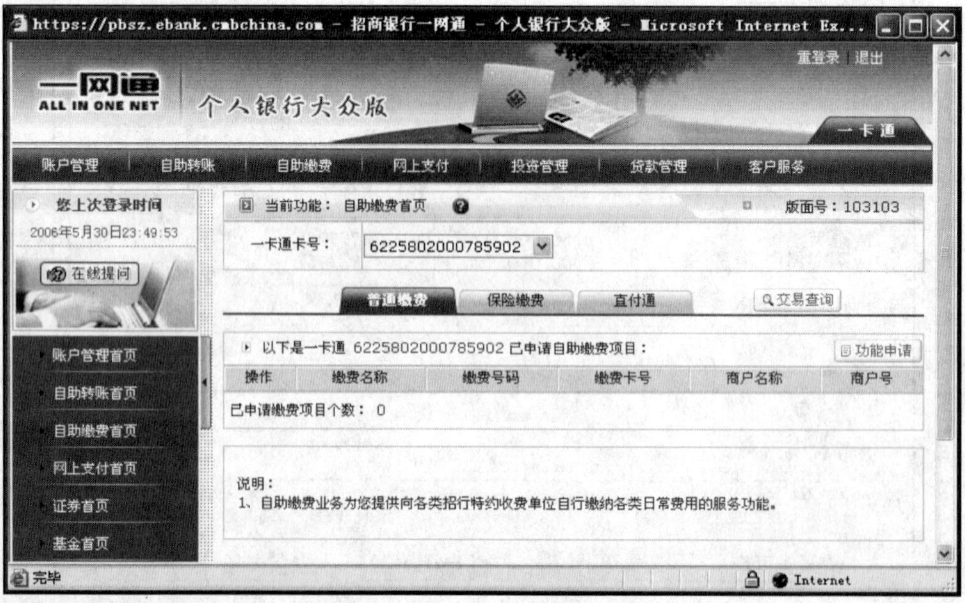

图 8－15　一卡通综合缴费

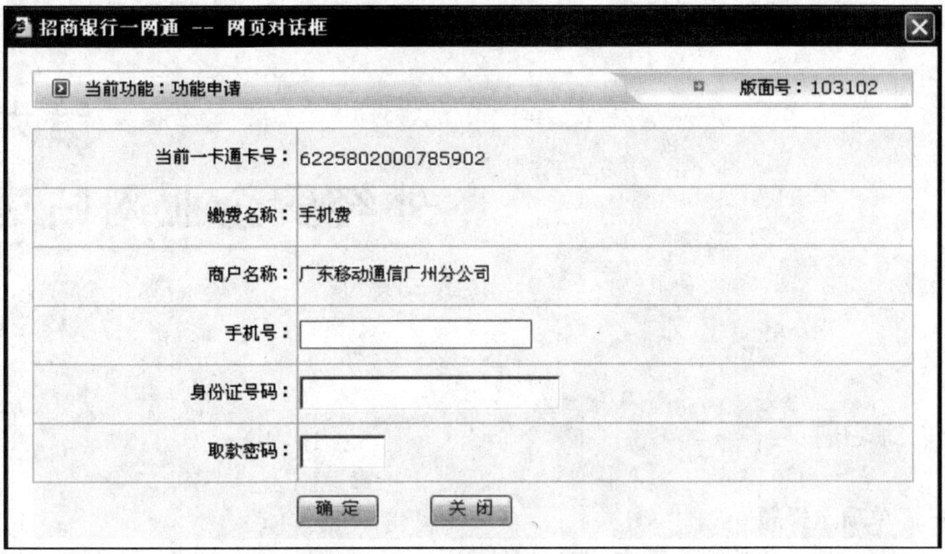

图 8－16　手机费网上申请页面

第九章
外经贸企业网站建设

一、练习题

（一）单项选择题

1. Internet 服务供应商的英文缩写是（　　）。
   A. ASP　　B. ISP
   C. ICP　　D. IIS
2. 互联网商务系统的英文缩写是（　　）。
   A. ICP　　B. IIS
   C. IBS　　D. EMS
3. 利用 IBS 系统推广企业的产品和形象，相当于企业在互联网上的整体 CI 策划和营销战略，CI 指的是（　　）。
   A. 企业形象识别　　B. 产品展示
   C. 产品销售　　D. 企业简介
4. 应用服务供应商的英文缩写是（　　）。
   A. IIS　　B. ISP
   C. ICP　　D. ASP
5. 下列商务网站的主机方案中，需要申请专用通讯线路的是（　　）。
   A. 自建网站　　B. 主机托管
   C. 虚拟主机　　D. 外包给 ASP
6. 负责全球 Internet 上的 IP 地址进行编号分配的机构是（　　）。
   A. CNNIC　　B. ChinaNet
   C. CerNet　　D. ICANN
7. 域名“IBM. COM”中，COM 代表的是（　　）。
   A. 教育机构　　B. 政府机关
   C. 商业组织　　D. 军事部门
8. 因特网上的域名注册必须遵循的基本原则是（　　）。
   A. 先来先注原则和域名公示原则
   B. 先来先注原则和全球唯一性原则

C. 域名公示原则和全球唯一性原则

D. 域名的三级层次结构原则

9. 电子商务奉行8秒钟规则，指的是（　　）。

A. 网页的下载速度　　B. 电子商务洽谈时间

C. 浏览网页有时间限制　　D. 对客户反馈的答复时间

10. 任何一个网站的网页层次结构都可以采用"一级页面—二级页面—三级页面"三层结构。其中，三级页面一般是（　　）。

A. 栏目页　　B. 文章页

C. 栏目起始页　　D. 主页面

（二）填空题

1. 电子商务应用从企业加入互联网开始，到建立自己的电子化交易市场，一般经历四个不同的阶段，即申请电子邮件地址、设置自己的主页、________和建立企业的互联网商务系统。

2. 一般来说，互联网商务系统包括________、产品销售子系统和用户反馈子系统等系统模块。

3. 电子商务网站建设中，对客户和竞争对手的分析至关重要，尤其在实施B2B电子商务应用时，更要注意________。

4. 电子商务网站建设的最重要的环节是________工作。

5. 电子商务网站的________设计是企业实施电子商务的关键环节。

6. 对于电子商务网站所必需的主机，目前主要有________、产权完整的主机方案和主机托管等几种解决方案。

7. 国际顶级域名中，中国的标准代码是________。

8. Microsoft公司推出的FrontPage软件是一种________工具。

9. 目前，提供电子商务应用和网站建设服务的众多ASP中，阿里巴巴属于________模式的电子商务网站。

（三）简答题

1. 电子商务网站的规划主要包括哪些内容？

2. 电子商务网站建设前应该进行哪些内容的市场调研与分析？

3. 电子商务网站一般应该包含哪些主要功能？

4. 电子商务网站的主机解决方案有哪几种？各有何特点？

5. 电子商务网站建设主要包括哪些环节？

6. 网站的域名有何商业价值？应如何防止域名被抢注？

7. 网页设计的一般原则主要有哪些？

8. 企业网站策划中应坚持哪些基本原则？

（四）操作题

1. 到中国域名网（http：//www. isdns. com）或其他ISP申请注册英文国际域名。

2. 到新网（http：//www. xinnet. com）或其他 ISP 申请注册中文国际域名。

3. 到中国万网（http：//www. net. cn）或其他 ISP 申请和购买虚拟主机。

4. 注册阿里巴巴（china. alibaba. com）普通会员，发布和管理商业信息。

5. 以建站通（www. 5822. com）为例，为自己企业建设电子商务网站。

二、参考答案

（一）单项选择题

1. B。理由：Internet 服务供应商，英文名称为 Internet Service Provider，缩写为 ISP。

2. C。理由：互联网商务系统，英文名称为 Internet Business System，缩写为 IBS。

3. A。理由：CI 是英文 Corporate Identity 的缩写，即企业形象识别。是指社会公众和企业职员对企业的整体印象和评价，是企业的表现与特征在公众心目中的反映。

4. D。理由：应用服务供应商，英文名称为 Application Service Provider，缩写为 ASP。

5. A。理由：商务网站的主机建设方案主要有：（1）产权完整的主机方案，由企业自己创建一个独立的网站，需要申请通讯线路。（2）主机托管方案，用户将自己的 Web 服务器等设备托付给 ISP，由 ISP 负责服务器与 Internet 的全天候实时连接。（3）虚拟主机方案，用户租用 ISP 的 Web 服务器空间，利用 ISP 提供的网站建设服务来建设企业自己的网站。

6. D。理由：负责全球 Internet 上的 IP 地址进行编号分配的机构是 ICANN（The Internet Corporation for Assigned Names and Numbers，互联网名称和号码分配机构）。

7. C。理由：国际上，顶级域名采用通用的标准代码，常用顶级域名的标准代码为：COM——商业组织，EDU——教育机构，GOV——政府机关，MIL——军事部门，NET——主要网络支持中心，ORG——其他组织，INT——国际组织，××——国家代码。

8. B。理由：按照国际法的规定，因特网上的域名注册必须遵循两个原则：（1）先来先注原则：对于任何单位，谁先注册，谁就永久性地拥有该域名。（2）全球唯一性原则：域名注册不同于商标注册，在不同的国家、不同的行业、不同的产品中可注册相同的品牌商标，而注册后所拥有的域名在全球范围内是独一无二的，不存在任何两个相同的域名。

9. A。理由：电子商务奉行的 8 秒钟规则，是指用户在浏览网页时，如果页面在 8 秒钟内一直没有出现，用户就会放弃现有的网页，点选其他页面，指的是网页下载速度。

10. B。理由：任何一个网站的网页层次结构都可以采用“一级页面—二级页面—三级页面”三层结构。一级页面是网站的主页，二级页面是每个栏目的起始页，三级页面是文章页。

（二）填空题

1. 建设自己的网站。理由：电子商务应用从企业加入互联网开始，到建立自己的电子化交易市场，一般可以分成四个不同的阶段：（1）申请电子邮件地址。就好像公司的电话号码，是企业必不可少的贸易工具，通过 e-mail 可以与全球各地的贸易伙伴进行联系。（2）设置自己的主页。利用 Internet 服务商（ISP）所提供的服务，在有关的网站上设置并制作公司的主页。(3) 建设自己的网站。在 Internet 上开设"虚拟店面",在开放式网络上谈生意、下订单、签合同,进行开放电子交易。(4) 建立企业的互联网商务系统。用互联网商务系统 (Internet Business System, IBS) 推广企业的产品和形象。

2. 产品展示子系统。理由:用互联网商务系统 (Internet Business System, IBS) 推广企业的产品和形象,相当于企业在互联网上的整体 CI (Corporate Identity, 企业形象识别) 策划和营销战略。一般来说,IBS 包括以下几个系统模块:(1) 产品展示子系统。包括企业的电子邮件设置、域名规划、Homepage 综合设计、宣传及网页链接、产品公报等部分。(2) 产品销售子系统。包括产品自动订单系统、自动报价系统、代理商系统。(3) 用户反馈子系统。包括用户技术答复系统、用户反馈回应系统、用户系统、联络系统。

3. 客户的需求。理由:企业电子商务应用网在建设之前和建设过程中始终要关注两件事:首先是你的客户 (他们需要什么),其次是你的竞争对手 (他们在做什么)。在实施 B2B (Business to Business, 企业对企业) 电子商务应用时,尤其要注意客户的需求,并根据客户的需求进行相应的决策。

4. 网站的规划。理由:一个电子商务网站的成功与否与建站前的网站规划有着极为重要的关系,当企业建立自己的网站时,网站的规划工作将贯穿于建设的全过程,对网站建设起到计划和指导的作用,对网站的内容和维护起到了定位的作用,是网站建设的最重要的环节。

5. 功能。理由:电子商务网站的功能关系到企业电子商务能否具体实现,关系到企业对用户提供的产品和服务项目能否正常开展,关系到用户能否方便、快捷地完成相关业务流程。由于企业的性质不同,在网上开展电子商务的目的也有所不同,因而每个电子商务网站的具体功能也就不尽相同。所以,网站的功能设计是企业实施电子商务的关键环节,是企业信息化构建的前提。

6. 虚拟主机。理由:作为一个商务网站,至少需要一台与 Internet 连接的主机存放网页信息和数据库信息等。对于网站必需的主机,目前有以下几种解决方案。(1) 产权完整的主机方案;(2) 主机托管;(3) 虚拟主机。用户租用 ISP 的 Web 服务器空间,利用 ISP 提供的网站建设服务来建设企业自己的网站。

7. CN。理由:国际上,顶级域名采用通用的标准代码,常用顶级域名的标准代码为:COM——商业组织,EDU——教育机构,GOV——政府机关,MIL——军事部门,NET——主要网络支持中心,ORG——其他组织,INT——国际组织,××——国家代码 (如:CN 中国,JP 日本,KR 韩国,UK 英国等)。

8. 网页制作。理由:FrontPage 是由 Microsoft 公司推出的 Web 网页制作工具,它是一个网站集成处理工具,能够方便、快捷地在自己的服务器上创建和发布网页。

9. B2B (企业对企业)。理由:提供电子商务应用和网站建设服务的 ASP 主要有阿里巴巴、卓越网、当当网和易趣网等。阿里巴巴是全球最大的网上贸易市场,是国内最大的 B2B (企业对企业) 电子商务网站,卓越和当当是国内最大的两家 B2C (企业对个人) 电子商务网站,而易趣则在国内 C2C (个人对个人) 领域中处于绝对的领先地位。

(三) 简答题

1. 答:(1) 市场调研与分析。调查竞争者在市场中已占有的份额和地位,分析不同电子商务网站可以实现的功能主要表现在人群的销售习惯和潜在市场，分析市场的规模与发展方向等。(2) 确定网站的基本功能。品牌形象，产品/服务展示，信息发布，顾客服务，顾客关系，网上调查等方面。(3) 主机建设方案的确定。根据企业自身的条件，确定是自建网站，还是主机托管或租用虚拟主机方式。(4) 电子商务投资预算。根据不同的主机方案，确定网站投入的多少。

2. 答：(1) 分析同类商品市场的大小。了解市场对将要提供的商品或服务的最大需求量，并获知提供该类商品或服务的竞争者在市场中已占有的份额和地位。(2) 分析不同人群的销售习惯和潜在市场。即分析不同消费者层次（包括年龄、文化、收入等）及他们的消费习惯，调查这些人是否经常上网等。(3) 分析不同地域的销售商机与潜在市场。主要是了解本企业在特定地域中可能扩展的程度，以及研究每种地域相对市场的有利性，使本企业的商品或服务更具竞争性。(4) 分析市场的规模与发展方向。从不同途径收集大量资料并采用统计分析手段获得不同商品或服务的市场规模和发展方向，观察消费者的消费动向并分析其原因所在。(5) 分析商品或服务的竞争情况。分析消费者对本企业与其他竞争厂商所提供的商品服务所能接受的程度。

3. 答：(1) 品牌形象。网站建设的质量如何将直接影响企业的网络品牌形象，同时也对网站的其他功能产生直接的影响。(2) 产品/服务展示。企业网站的主要价值在于灵活地向顾客展示产品图片、产品说明（性能和价格等）和多媒体信息。(3) 信息发布。网站是一个信息载体，通过网站发布信息可以克服传统媒体时间和空间的限制，更可以实现与访问者的双向交流，是功能最全、效率最高的企业宣传手段。(4) 顾客服务。为顾客提供各种在线服务和帮助信息，可以为企业赢得更多的客户及客户信心。(5) 顾客关系。通过网络社区等方式吸引顾客参与，不仅可以开展顾客服务，也有助于增进顾客关系。(6) 网上调查。通过网站的在线调查表，及时获取和处理客户的反馈信息，并充分利用客户信息挖掘市场潜力，是获得第一手市场资料有效的调查工具。(7) 网上联盟。与供应商、经销商、客户网站以及其他相关的企业建立合作关系，以便获得更好的网上推广效果。(8) 网上销售。通过网站就可以完成订单确认、网上支付等电子商务功能，提供全天候 24 小时即时交易，即网站本身就是一个销售渠道。

4. 答：(1) 产权完整的主机方案。该方案由企业自己创建一个独立的网站，需要申请通讯线路、IP 地址、域名，自己购置网站建设所需要的服务器及其他设备，自己设计网页，并对网站进行长期的维护和内容的更新。该方案特点：投入较大，费用较高，需要专门的网站管理员及相关技术人员，通常适合规模较大、资金充足、技术条件过关且有大量的信息需要和外界交流的大中型企业。

(2) 主机托管。用户将自己的 Web 服务器等设备托付给 Internet 服务商（ISP），由 ISP 负责服务器与 Internet 的全天候实时连接。所有的设备由 ISP 代为管理和维护，内容的更新由用户远程登录来维护或由 ISP 代为维护。该方案特点：可以节省大量的初期投资以及日常的维护费用，适合拥有自己的独立域名和服务器，但没有网站管理和维护能力或没有通讯线路的企业。

(3) 虚拟主机。虚拟主机方案就是用户租用 ISP 的 Web 服务器空间，利用 ISP 提供的网站建设服务来建设企业自己的网站。该方案特点：经济实用，无须对软硬件设备进行投资，节省了专线通讯费用及构造和维护服务器的软硬件的费用，只需对自己的信息进行维护即可。但一般不能支持较大的访问量，适合于搭建中小信息服务商和一般企业的网站。

5. 答：（1）申请通讯线路和IP地址。向电信部门申请能长期与Internet连通的专用通讯线路，如DDN专线、ISDN一线通、ADSL网络快车等，但如果是使用主机托管或虚拟主机的企业则不需要使用专线。IP地址可以在申请专线的同时申请，也可以向ISP申请或由ISP提供。（2）注册企业域名。域名是企业的品牌或名称在因特网上的永久标志，具有保护和延伸企业品牌的作用，是企业的一种无形资产。一个简短易记、具有企业特征的响亮域名往往会给客户留下深刻的印象，能给企业带来不错的效益。（3）精心设计网页。网页是企业网站与客户进行交流的窗口，企业在网络上进行商务活动时，首先就要通过网页的设计和组织将本企业的相关信息展示出来。（4）精心策划企业网站构架。企业网站构架是以企业为核心的主题层次、内容分类和页面顺序的总和。一个完整意义的企业网站应能反映出其所处产业的特点，使用户能够从产业的角度来感受其产品的精髓。

6. 答：域名是一个企业或机构的品牌或名称在因特网上的永久标志，如同企业品牌，具有保护和延伸企业品牌的作用，是企业的一种无形资产。一个简短易记、具有企业特征的响亮域名往往会给客户留下深刻的印象，能给企业带来不错的效益。域名注册遵循“先来先注原则”和“全球唯一性原则”。由于域名资源极其有限，加上简单的注册条件，因特网上域名抢注和域名买卖的现象十分严重。一旦企业的名称或品牌被别人抢注，那该企业将从此失去了对该域名的所有权利。域名是企业重要的战略资源之一，一旦发现自己的域名被恶意抢注，可以向“中国国际经济贸易仲裁委员会”提起仲裁请求，通过法律程序来解决，但收效甚微，往往只能用重金赎回。为了防止域名被抢注，最好的办法是把自己公司、商标及产品的名字（包括英文和汉语拼音 .com 和 .net 和 .org 和 .com.cn 和 .net.cn）等都注册起来，全方位保护自己财产。

7. 答：（1）正确分析网页用户的需要。体现“以客户为中心”的网络营销理念，从用户的角度出发设计网页，不能只注重自身的感觉。（2）确保页面良好的导览性。提供清晰的网站地图，让用户知道自己的位置以及能够去哪里。（3）网页下载的时间不宜过长。网页下载时间过长，用户就很容易失去兴趣，电子商务网站奉行8秒钟规则。（4）要支持不同环境下浏览。要基本满足主流分辨率和浏览器下都能正常显示。（5）注意网页中的图形设计。过多的图片会加大网络传输图片的负载，很容易影响页面的下载速度。（6）注意网页内容的搭配。主页内容以宣传本企业的信息资源、产品和服务为主，确保每一页面均含有本企业的象征性标志和信息。（7）采用合适的网页布局。每个页面需要有一个好的版面布局设计。

8. 答：（1）主题鲜明，形象突出。①网站的Logo是网站特色和内涵的集中表现，要使用户看见这个Logo就能想起这个网站；②采用精心设计的主题图形或产品广告来突出公司的形象与风格；③主要内容栏目要考虑图片和文字之间的色彩搭配，同时要和主题图形相互衬托。主要栏目和次要栏目不要都显示在同一个页面上，可以通过站点组织图传达网站的结构布局；④企业网站的超级链接一般不是网站的主要栏目，不需要采用很醒目的方式出现，但应该位于方便用户点击的位置；⑤建立网站内容的搜索引擎，为访问者提供更大的方便；⑥注意网页的整体色彩。一个网站的整体色彩应该能够体现该网站的形象和内涵的延伸，不一定要使用五颜六色，而是应该突出一种主色调。

（2）网站的三层结构。网站的层次是指主页面和二级、三级页面之间的结构化关系，任何一个网站的网页层次结构都可以采用“首页—栏目页—文章页”或“一级页面—二级页面—三级页面”三层结构，而且各级结构各有特点。在三级结构中，二级页面和三级页面之间的基本布局和风格应保持一致，主页和二级、三级页面之间的风格也有需要一致之处。

（四）操作题

1．到中国域名网（http：//www. isdns. com）或其他 ISP 申请注册英文国际域名。

操作指南：

进入中国域名网 http：//www. isdns. com，以会员身份登录网站（新用户必须先注册成为会员），按以下流程注册域名。

第一步。

查询选择域名。在主页的域名注册开始窗口中，选中“. com”，输入“gdxsj”（假设要注册的英文域名是 gdxsj. com），单击“GO”。如图 9－1 所示。

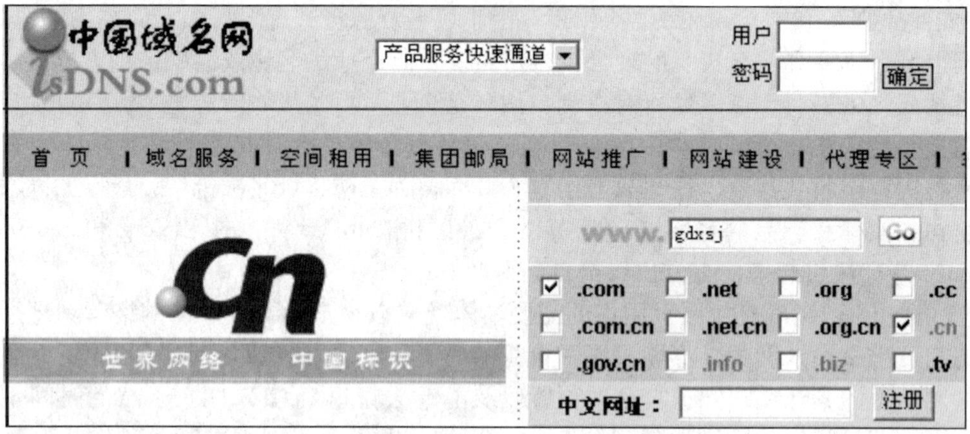

图 9－1　英文域名注册开始窗口

稍候，出现查询结果页面，如图 9－2 所示。说明域名 gdxsj. com 未被注册（如果域名 gdxsj. com 已被注册，必须另起域名继续查询，直至找到一个未被注册的域名为止）。

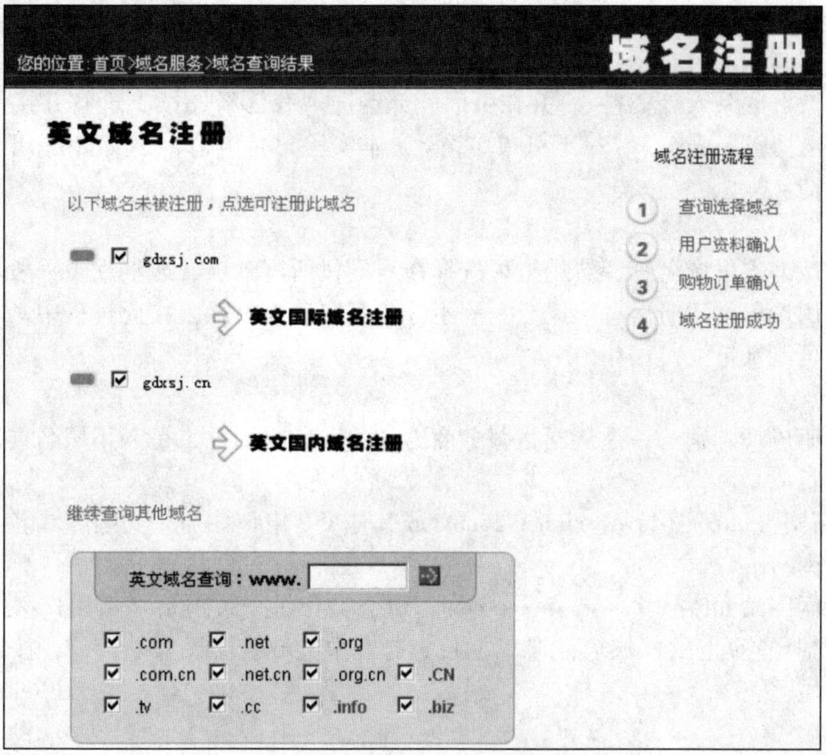

图 9－2　英文域名查询结果

选择未被注册的域名 gdxsj. com，单击“英文国际域名注册”，打开“域名注册填写资料”页面，如图 9－3 所示。

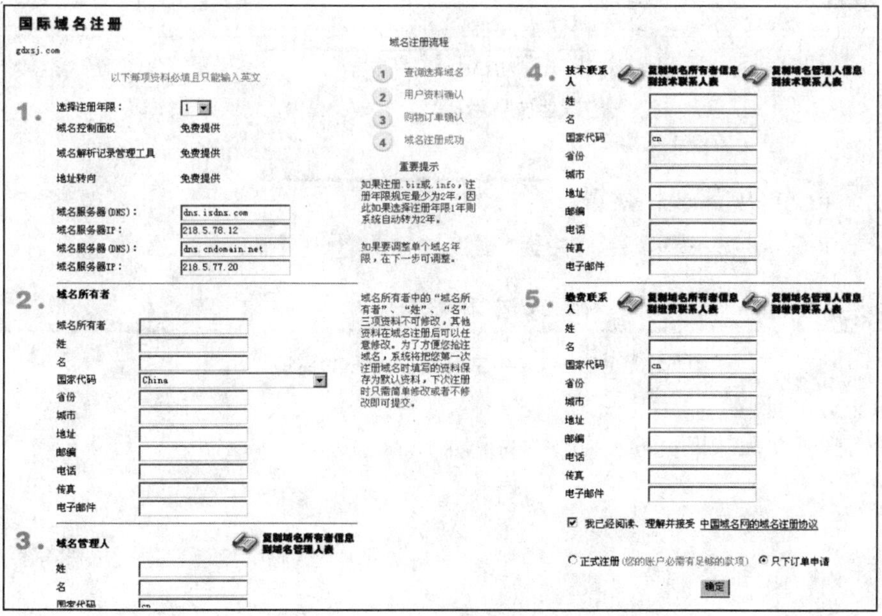

图 9－3　英文域名注册填写资料

第二步。

用户资料确认。填写用户资料（包括选择注册年限、域名所有者、域名管理人，技术联系人，缴费联系人等资料），并在页面底部钩选“我已经阅读、理解并接受中国域名网的域名注册协议”，选择“只下订单申请”（本实验只是申请，不交费），单击“确定”按钮提交申请。

第三步。

订单确认，支付域名管理费用。可选择在线支付所需款项，或汇款。一般域名申请提交后，会为用户保留注册信息三天或一周不等，等申请人付款。在此过程中，你申请的域名随时都有可能被抢注。

第四步。

域名注册成功判别。一是从网络服务商给你的回信得知；二是利用域名查询方式判断域名注册是否成功。

2. 到新网（http：//www. xinnet. com）或其他 ISP 申请注册中文国际域名。

操作指南：

进入新网网站 http：//www. xinnet. com，以会员身份登录网站（新用户必须先注册成为会员），选择首页上的“域名注册”栏目，打开中文域名注册开始窗口，按以下流程注册中文国际域名：

第一步。

查询选择域名。在中文域名注册开始窗口中，输入“广东新世纪”，选中“简体”“. com”，（假设要注册的中文国际域名是“广东新世纪 . com”），单击“搜索”按钮。如图 9 – 4 所示。

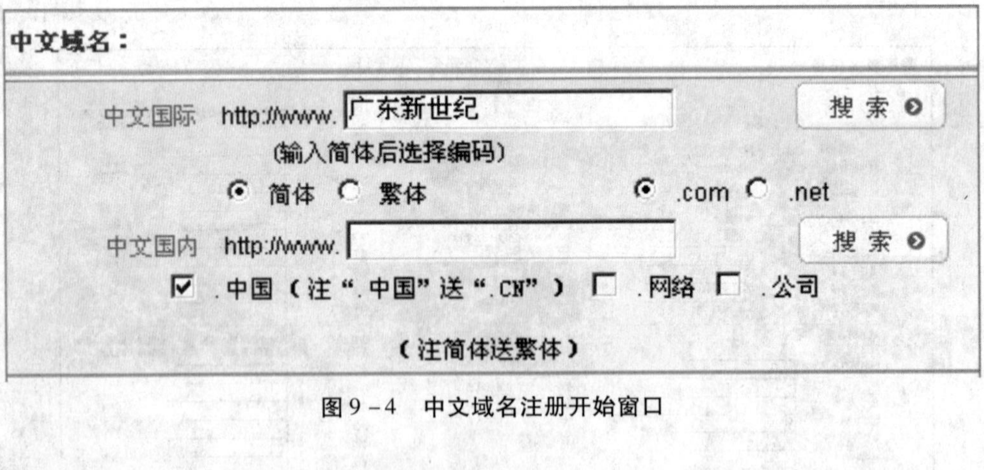

图 9 – 4　中文域名注册开始窗口

稍候，出现查询结果页面，如图 9 – 5 所示。

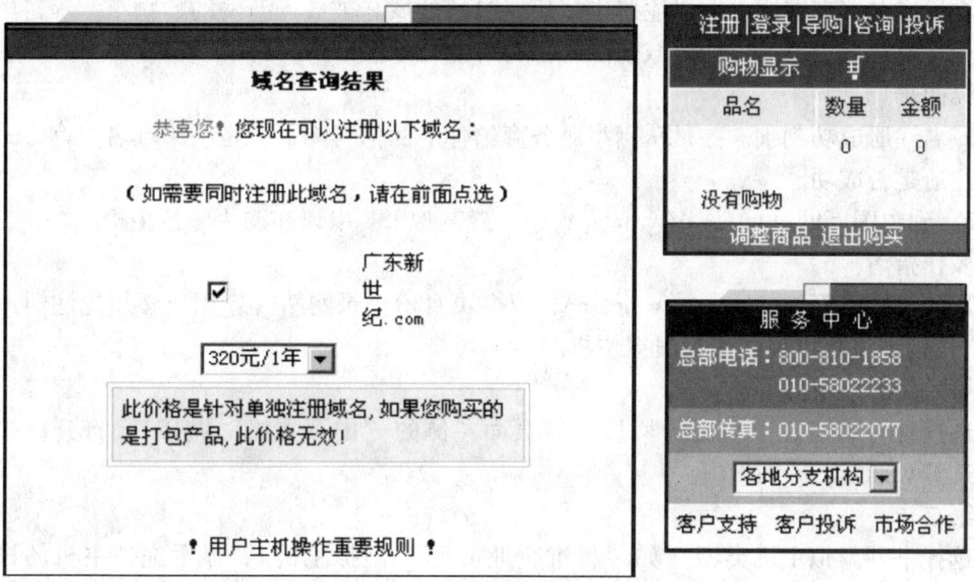

图 9-5　中文域名查询结果

说明域名“广东新世纪.com”未被注册（如果域名已被注册，必须另起域名继续查询，直至找到一个未被注册的域名为止）。选择未被注册的域名“广东新世纪.com”，单击“同意以上条款并到下一步”按钮，打开“域名注册申请表”页面，如图 9-6 所示。

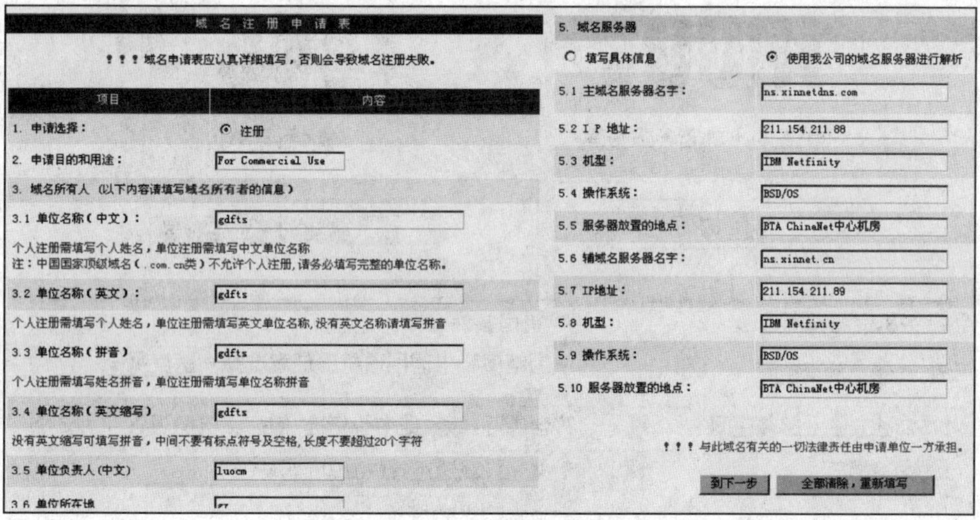

图 9-6　中文域名注册申请表

第二步。

用户资料确认。填写用户资料（包括：目的和用途、域名所有人、域名管理人等资料），单击“到下一步”按钮，结束申请流程。

第三步。

支付域名管理费用。域名注册申请后，申请的域名被放入新网的购物车，等待申请人付款。在此过程中，你申请的域名随时都有可能被抢注。

第四步。

域名注册成功判别。一是从网络服务商给你的回信得知；二是利用域名查询方式判断域名注册是否成功。

3．到中国万网（http：//www. net. cn）或其他 ISP 申请和购买虚拟主机。

操作指南：

进入中国万网 http：//www. net. cn，以会员身份登录网站（新用户必须先注册成为会员），按以下流程申请和购买虚拟主机。

第一步。

选择首页的“虚拟主机”栏目（或页面左侧的“虚拟主机”链接），打开虚拟主机类型选择页面。

第二步。

选择一种虚拟主机类型（如“标准企业 C 型”虚拟主机），显示虚拟主机的详细信息，如图 9－7 所示。

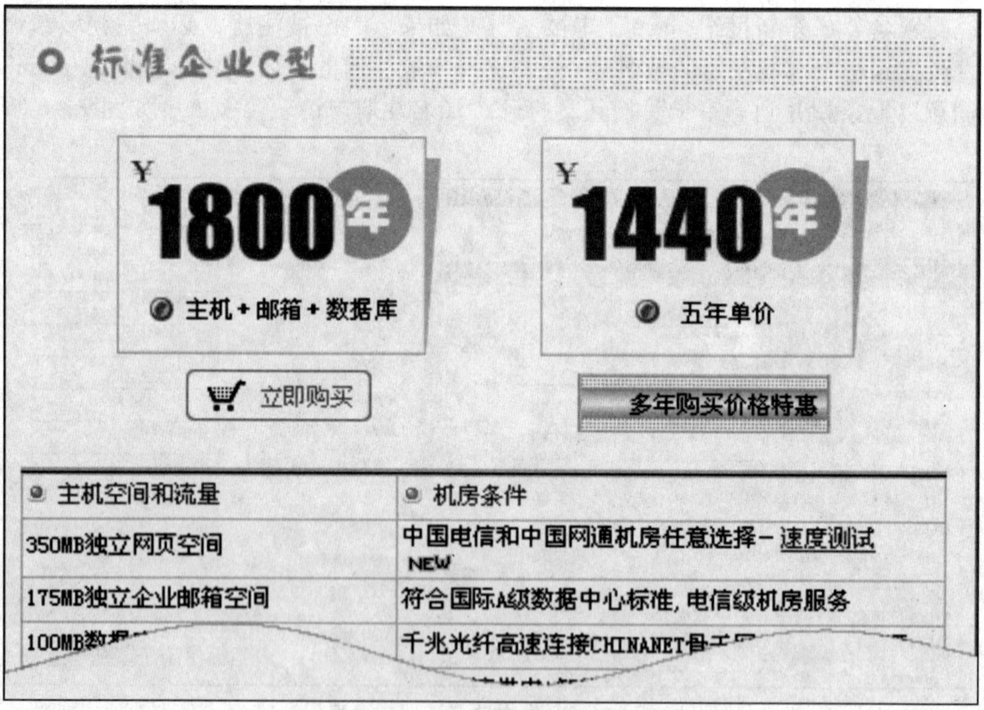

图 9－7　虚拟主机的详细信息

第三步。

单击“立即购买”链接，显示购买虚拟主机的年限与价格选择页面，选择其中一种价格后，单击“提交”按钮，显示“填单信息”，如图 9－8 所示。

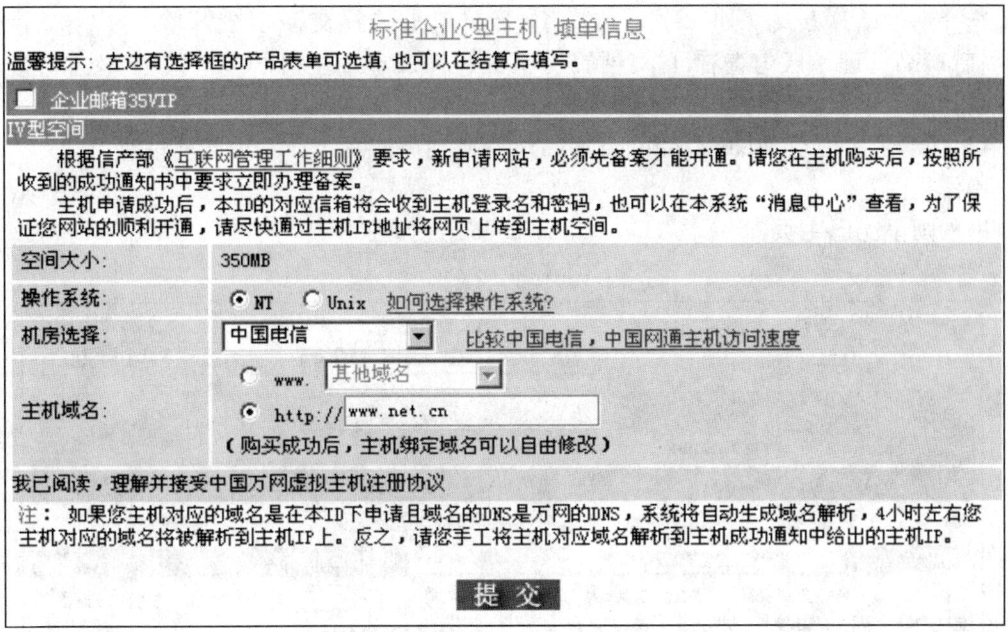

图9-8　虚拟主机购买——填单信息

第四步。

在填单信息页面上，选择操作系统类型、机房，填入主机域名（域名必须先申请），单击“提交”按钮，显示购买确认页面，如图9-9所示。

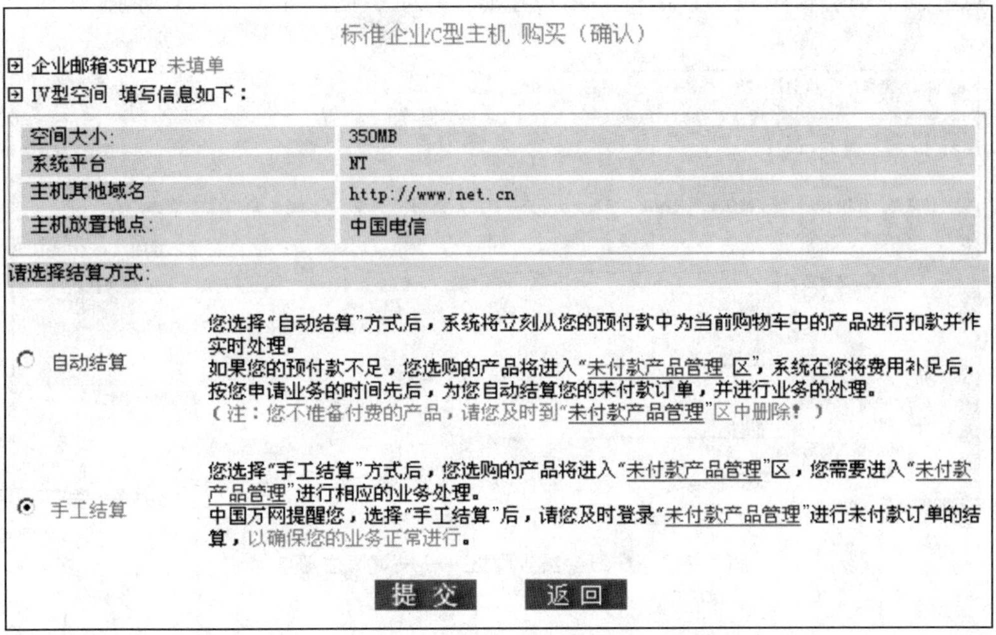

图9-9　虚拟主机购买确认

第五步。

选择一种结算方式（如“手工结算”）后，单击“提交”生成订单，显示“请您到‘未付款产品管理’区内查看订单详情!”页面，完成虚拟主机的购买流程（点击“未付款产品管理”链接查看订单）。

4. 注册阿里巴巴（china. alibaba. com）普通会员，发布和管理商业信息。

操作指南：

进入阿里巴巴主页 http：//china. alibaba. com，如图 9 – 10 所示。

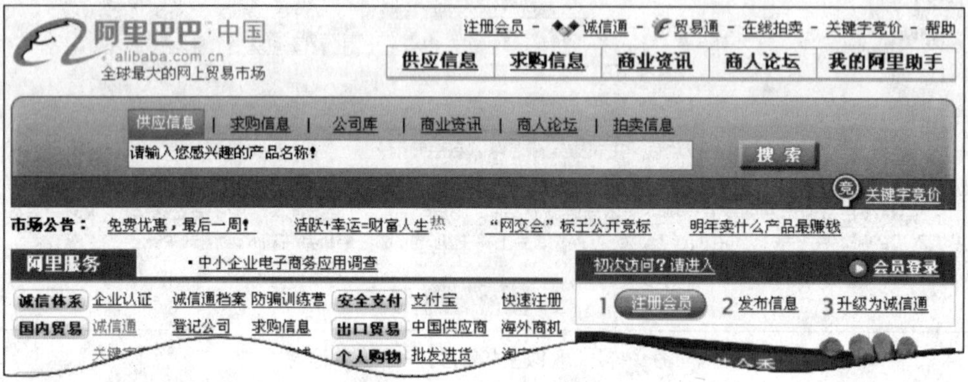

图 9 – 10　阿里巴巴主页

(1) 注册会员。

第一步。

点击“注册会员”按钮，出现“填写注册信息”页面。如图 9 – 11 所示。

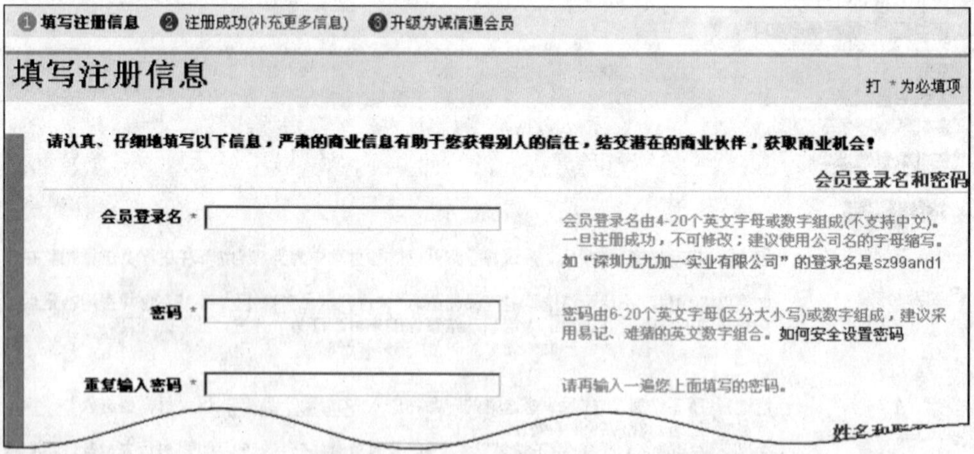

图 9 – 11　注册会员步骤之一——填写注册信息

第二步。

填写注册信息，点击“同意服务条款，提交注册信息”，稍后，您的电子邮箱会收到一封确认信，打开您的电子邮箱阅读确认信，点击信中的“确认”按钮，成功注册为阿里巴巴的普通会员。如图 9－12 所示。

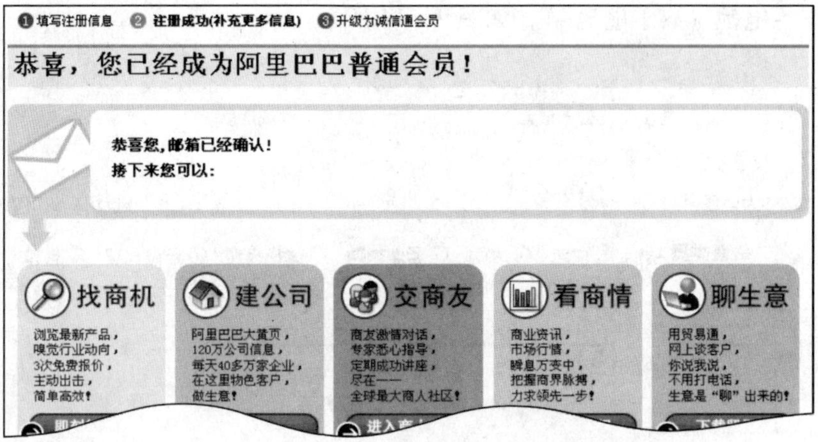

图 9－12　**注册会员步骤之二——注册成功**

此时，可以直接返回首页登录会员，开始在网上发布商业信息。也可以继续下一步申请诚信通会员，方法是：点击“申请诚信通服务”按钮，打开“申请快车道”页面，填写网上申请表单，并在 3 个工作日内支付一定服务费用，经认证后即可获得会员账号，享受诚信通服务。

（2）发布商业信息。

第一步。

登录会员。点击阿里巴巴首页“会员登录”按钮，输入已注册的会员登录名和密码，点击“登录”按钮，打开“我的阿里助手”首页。如图 9－13 所示。

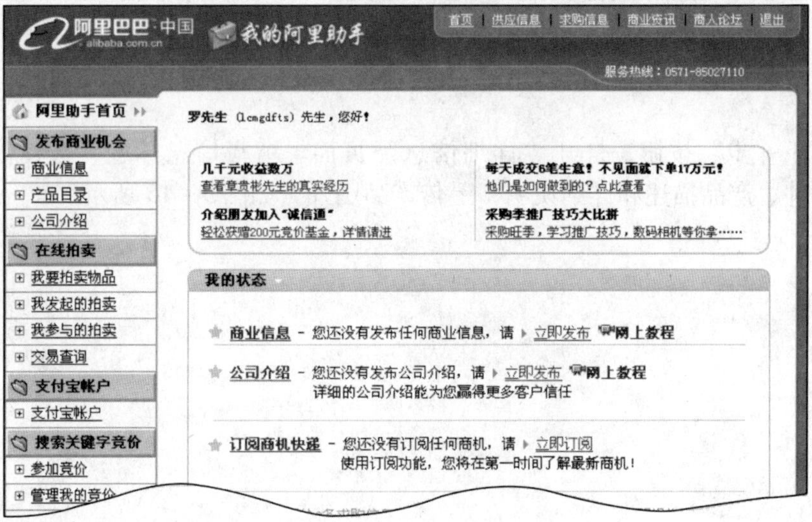

图 9－13　**我的阿里助手首页**

第二步。

点击功能列表中“商业信息”下方的“发布商业信息”链接，打开“基本信息”页面。选择信息类型（如“供应”），输入产品名称（如“南孚电池”），选择行业类别（如“电工电气＞＞电池＞＞干电池”），如图 9－14 所示。

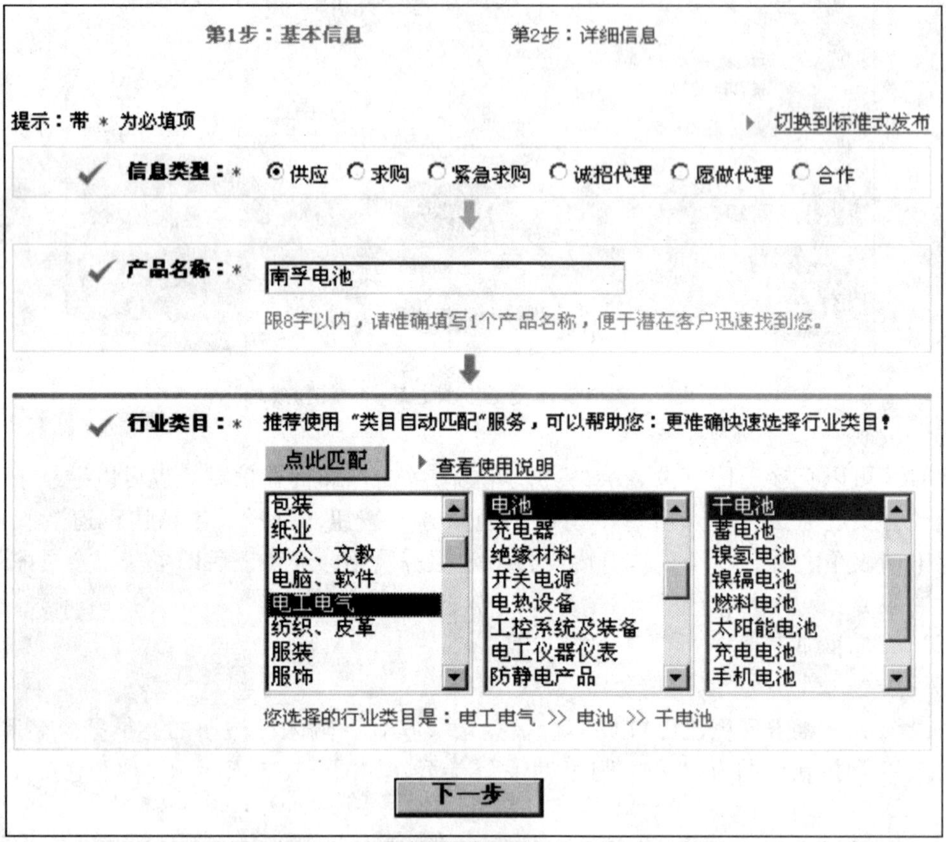

图 9－14　发布商业信息——基本信息

第三步。

单击“下一步”按钮，打开“详细信息”页面。填写信息标题，选择信息有限期，填写交易条件、产品描述和详细说明，上传产品图片，如图 9－15 所示。

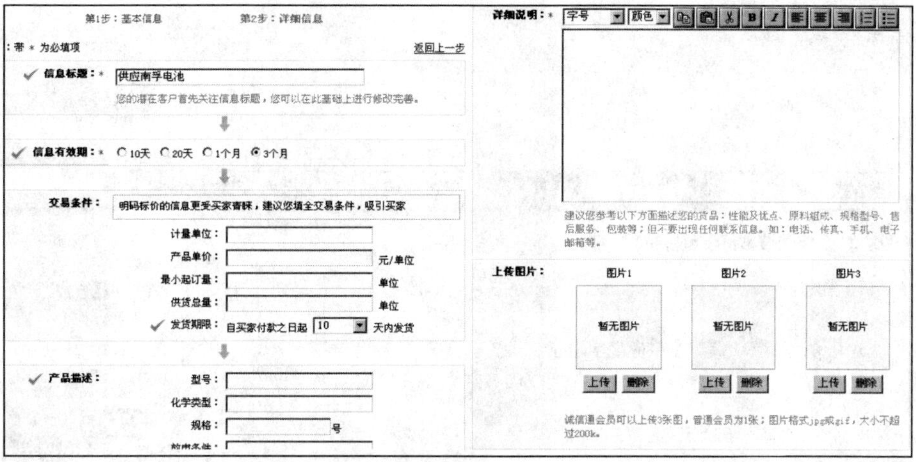

图 9－15　发布商业信息——详细信息

第四步。

单击“一切完成，我要发布”按钮，信息被提交审核，如图 9－16 所示。

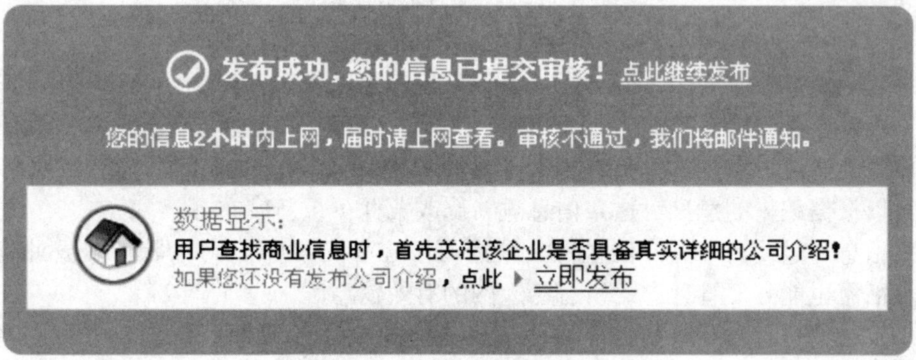

图 9－16　发布商业信息——完成

（3）管理商业信息。

点击功能列表中“商业信息”下方的“管理商业信息”链接，打开“管理商业信息”页面，分类显示信息的情况，如图 9－17 所示。

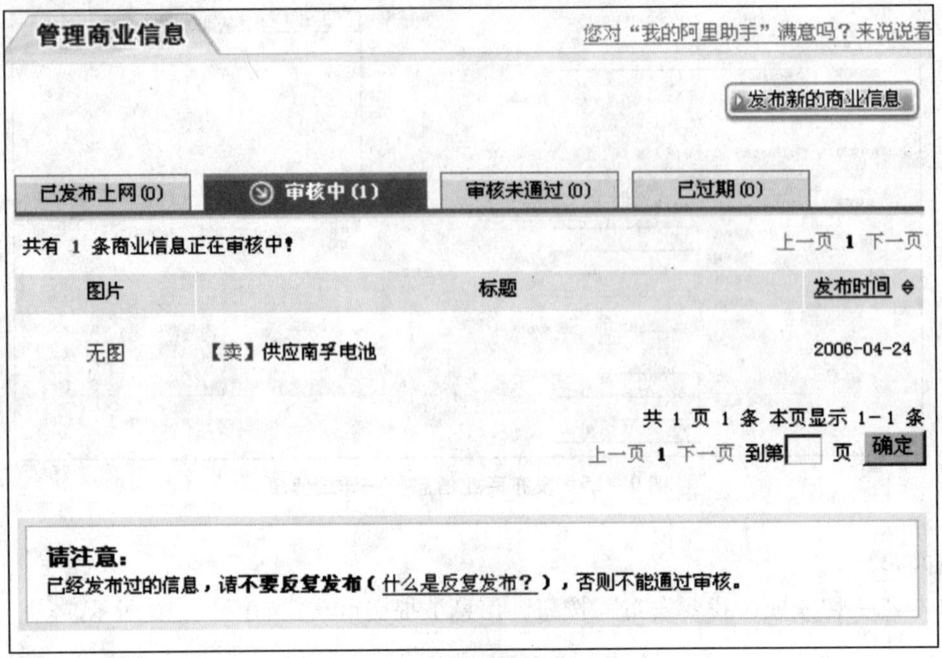

图 9－17　管理商业信息

如果因为信息质量原因，而未通过编辑审核，那么该条信息会出现在“审核未通过”这一栏，可以查看编辑针对这条信息的处理意见（被删除或建议修改）和原因。如果信息已被删除，您可以点击“查看详情”了解信息删除原因；如果信息处在“可修改”状态，则可以根据编辑的意见对这条信息重新修改，并可重新发布。

如果信息通过编辑审核并已上网，则您可以在“已发布上网”状态查看此信息。同时在此页面您也能方便管理您的所有已上网的有效信息。

如果发布的信息已经过期，那么该信息将会处在“已过期”状态，您可以将已过期信息重新发布上网或永久删除。

5. 以建站通（www.5822.com）为例，为自己的企业建设电子商务网站。

基本要求：

（1）网站名称：××××××公司；网站标志：上传一张图片。

（2）主要栏目：网站首页（以图文混排方式介绍自己的公司）
产品展示（两类产品，每类 4 种产品，图文介绍）
客户反馈（提供收集客户反馈意见的表单）
联系我们（提供公司的电话、e-mail、地址等联系方式）

操作指南：

（1）进入建站通主页（www.5822.com 或 www.5877.com），单击“立即申请新网站”按钮，打开“网站申请协议”页面；单击“同意协议”按钮，打开“新网站申请”页面；填妥“新网站申请表”后，单击“下一步”按钮完成申请。

（2）设计自己的网站。

第一步：在建站通首页的用户登录区中输入已注册的用户名与密码，验证成功后登录网站管理系统页面。

第二步：编辑网站名称。单击页面左侧“网站样式设计”下方的“网站名称”链接，打开“网站名称图片生成”页面，按实际需要修改网站名称，然后单击“生成图片”按钮，如图9－18所示。

图9－18　网站名称图片生成

第三步：上传网站标志。单击“网站样式设计”下方的“网站标志”链接，打开“是否显示网站标志”页面，设置网站标志显示或隐藏，上传网站标志图片（上传的图片大小不能超过100KB），设置显示尺寸，如图9－19所示。

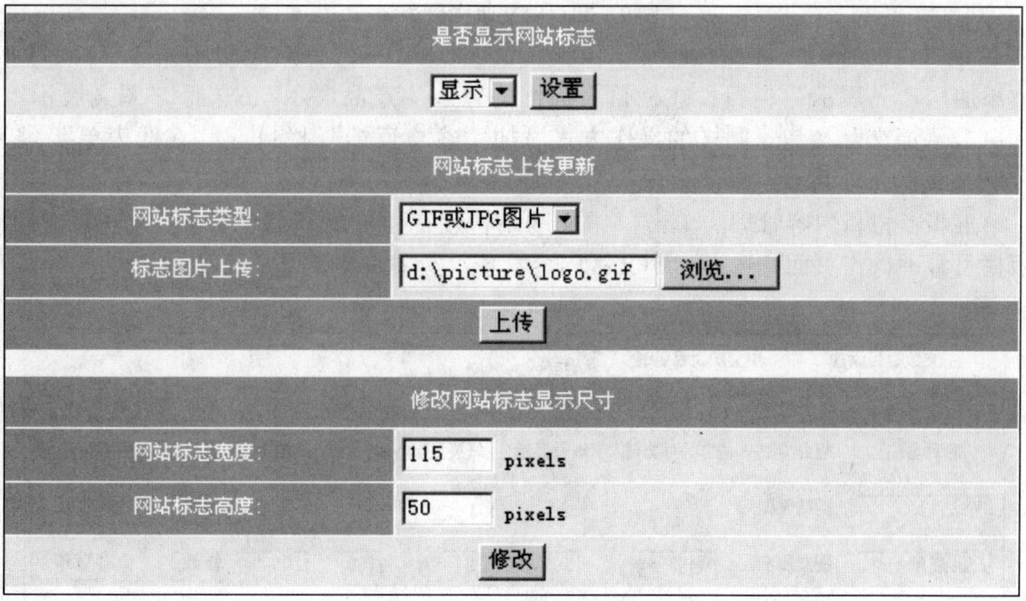

图9－19　是否显示网站标志

第四步：栏目添加。单击“中文网站管理”下方的“栏目添加”链接，进入中文版栏目添加操作页面，如图9－20所示。

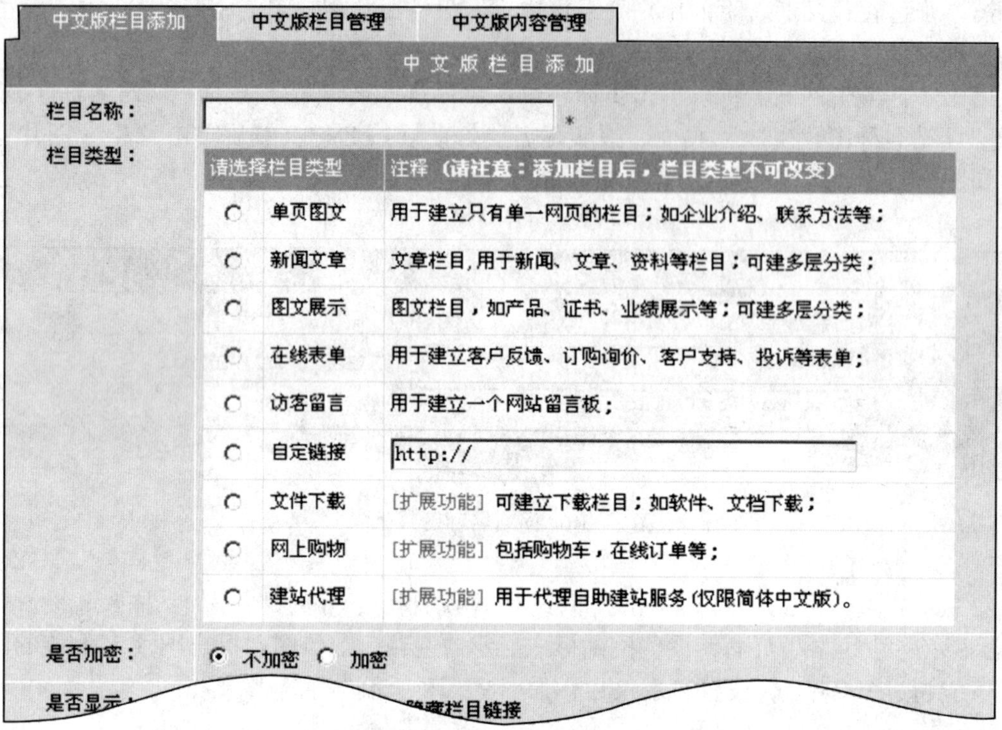

图 9－20　中文版栏目添加

添加“产品展示”栏目：在栏目名称框内输入“产品展示”，选择“图文展示”类型，单击“提交”按钮。同样的操作方式添加“客户反馈”栏目（“在线表单”类型）和“联系我们”栏目（“单页图文”类型）。

第五步：栏目内容管理。单击“中文网站管理”下方的“栏目管理”链接，打开中文版栏目管理操作页面，选择“中文版内容管理”标签，如图 9－21 所示。

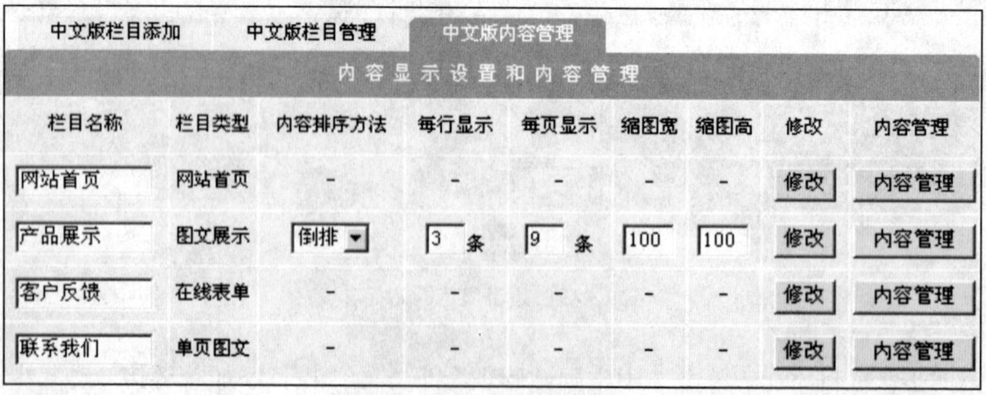

图 9－21　中文版内容管理

“网站首页”栏目内容管理：单击“网站首页”栏目后面的“内容管理”按钮，出现内容排版编辑框页面，输入介绍自己公司的文字，插入图片等操作，编辑完毕后单击“提交”按钮保存。

“产品展示”栏目内容管理：单击“产品展示”栏目后面的“内容管理”按钮，打开图文展示型栏目管理页面。

单击“类别管理”标签，打开类别管理页面，在类别框中输入“电池”，单击“添加”按钮（如图9－22所示）；单击“内容添加”标签，出现内容添加页面，选择“电池”类别，输入产品名称，上传产品缩图，编辑产品内容，编辑完毕后单击“提交”按钮保存。

同样的操作方法，添加“电池”类别下的其他产品，或者添加另一产品类别的产品。

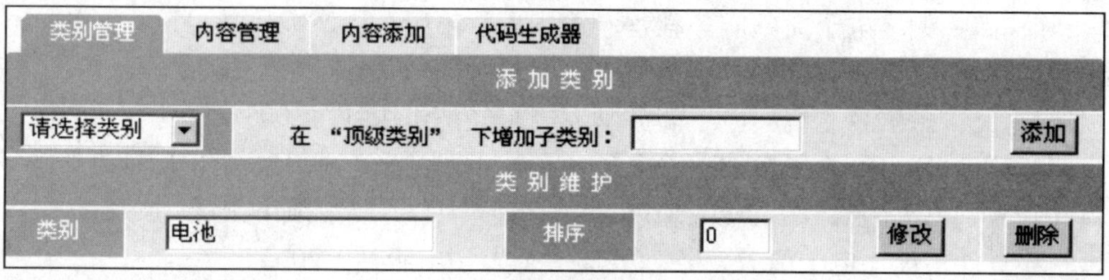

图9－22　图文展示型栏目管理

“客户反馈”栏目内容管理：单击“客户反馈”栏目后面的“内容管理”按钮，选择“普通反馈表单”，然后单击“修改”按钮，如图9－23所示。

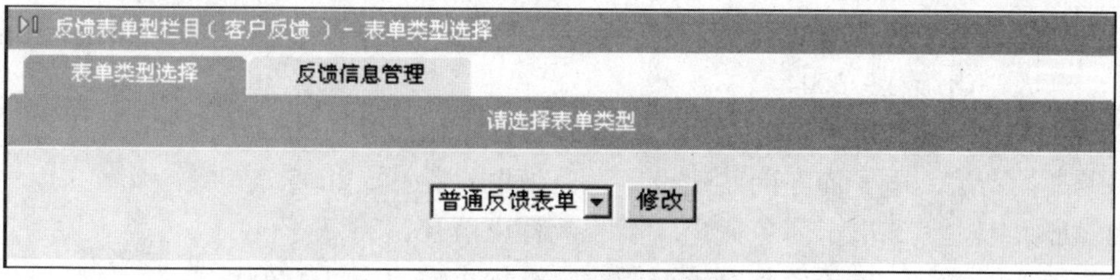

图9－23　反馈型表单类型选择

“联系我们”栏目内容管理：单击“联系我们”栏目后面的“内容管理”按钮，打开“内容编辑”页面，编辑“联系我们”的内容，单击“提交”按钮保存。

第六步：单击网站管理系统页面的“预览我的网站”链接，浏览网站的设计效果。

参考文献

1. 张铎，周建勤编．电子商务物流管理．高等教育出版社，2002
2. 孙瑞新主编．金融电子化与网上支付．电子工业出版社，2002
3. 李大军主编．电子商务．清华大学出版社，2002
4. 姚忠华编著．国际贸易电子商务全攻略．广东经济出版社，2002
5. 陈科鹤主编．电子商务实务教程．清华大学出版社，2002
6. 章学拯编著．国际贸易电子化实务教程．中国海关出版社，2003
7. 谢垂民，朱国麟主编．电子商务师．广东经济出版社，2003
8. 俞立平，夏卫红，华毅编著．电子商务技术与实务．东南大学出版社，2003
9. 闫涛蔚，郝渊晓，梁文玲等编著．电子商务营销．人民邮电出版社，2003
10. 邓贵仕主编．电子商务实务．大连理工大学出版社，2003
11. 朱光，余牧主编．国际电子商务操作实务．中国商务出版社，2004
12. 谢新洲主编．信息管理概论．中央广播电视大学出版社，2004
13. 周忠兴主编．商务谈判原理与技巧．东南大学出版社，2004
14. 冯英健著．网络营销基础与实践．清华大学出版社，2004
15. 王世杰主编．电子商务及其应用．广东经济出版社，2004
16. 周哲，饶友玲，王晓春编著．国际电子商务——电子商务条件下的国际贸易．南开大学出版社，2004
17. 黄正平主编．电子商务概论．华南理工大学出版社，2004
18. 高怡新编．电子商务网站建设．人民邮电出版社，2005
19. 邵兵家主编．电子商务概论．高等教育出版社，2003
20. 张福德编著．电子商务概论习题集．清华大学出版社，2005
21. 陆川，白丽编著．电子商务实验．清华大学出版社，北京交通大学出版社，2005
22. 林康有，宋钢主编．国际贸易电子商务．中国商务出版社，2005
23. 余世明主编．国际贸易实务．暨南大学出版社，2005